普通高等职业教育
"十三五"规划教材

基础会计实训教程

李红萍　姜丽艳　主　编
王桂梅　张世昌　刘　芳　杨　柳　邢爱华　副主编
武　英　张　洁　黄蓉卿　储　虹　参　编

清华大学出版社
北　京

内容简介

“基础会计实训”是会计及相关专业的专业基础实训课程，在会计系列课程中占有重要地位。本书依据最新版《企业会计准则》，以有代表性的有限责任公司为会计主体，本书主要介绍了原始凭证的填制审核、记账凭证的填制与审核、科目汇总表的编制、日记账的登记、银行存款余额调节表的编制、明细分类账的登记、总分类账的登记与结账、会计报表的编制，并通过综合业务模拟实训，把会计核算的七种方法有机地结合起来进行实务操作，为实际会计操作奠定了基础。

本书适合作为高职高专院校会计及相关专业的专业基础实训课程的教材，也可作为财务人员的岗位培训教材。

图书在版编目(CIP)数据

基础会计实训教程／李红萍，姜丽艳主编．—北京：清华大学出版社，2019(2024.9重印)
(普通高等职业教育“十三五”规划教材)
ISBN 978-7-302-52004-7

Ⅰ.①基… Ⅱ.①李… ②姜… Ⅲ.①会计学-高等职业教育-教材 Ⅳ.①F230

中国版本图书馆CIP数据核字(2018)第297624号

责任编辑：刘志彬
封面设计：汉风唐韵
责任校对：宋玉莲
责任印制：宋 林

出版发行：清华大学出版社
网 址：https://www.tup.com.cn，https://www.wqxuetang.com
地 址：北京清华大学学研大厦A座　**邮 编**：100084
社 总 机：010-83470000　**邮 购**：010-62786544
投稿与读者服务：010-62776969，c-service@tup.tsinghua.edu.cn
质量反馈：010-62772015，zhiliang@tup.tsinghua.edu.cn
印 装 者：涿州市般润文化传播有限公司
经 销：全国新华书店
开 本：185mm×260mm　**印 张**：16　**字 数**：312千字
版 次：2019年1月第1版　**印 次**：2024年9月第5次印刷
定 价：45.00元

产品编号：081109-01

前 言

“基础会计实训”是会计及相关专业的专业基础实训课程，在会计系列课程中占有重要地位。加强基础会计的实训，提高学生的基础操作能力是高职院校会计专业学生的培养目标之一。特别是企业会计准则的不断更新，会计手段的逐渐升级，企业的业务也随之发生了较大的变化，传统的会计模拟实训教程已难以满足高职高专学生的学习需求。为强化学生的基础技能，解决基础会计模拟实训与实践脱节的弊端，经过大量实践，总结以往的经验，基于最新版《企业会计准则》，我们组织编写了本书，意在夯实学生的基础技能，扎实学生的操作技能，更好地理解会计的核算方法，为今后专业课程的学习奠定坚实的理论基础和实践基础。

本书的主要特色如下。

一是实用性。本书主要介绍了原始凭证的填制审核、记账凭证的填制与审核、科目汇总表的编制、日记账的登记、银行存款余额调节表的编制、明细分类账的登记、总分类账的登记与结账、会计报表的编制，与实际工作密切结合，强化了本书的实用性。

二是系统性。本书系统地进行了会计核算方法的训练，并通过综合业务模拟实训，把会计核算的七种方法有机地结合起来进行实务操作，为实际会计操作奠定了基础。

三是超前性。依据最新版《企业会计准则》，以有代表性的有限责任公司为会计主体，进行实务操作，具有一定的超强性。

由于时间仓促，加之编者水平有限，书中错误之处在所难免，敬请读者批评指正。

编 者

目　录

实训一 原始凭证的填制与审核

>>> 实训目的

原始凭证是在经济业务发生时填制或取得的，用于证明经济业务的发生或完成情况，作为记账依据的书面证明。原始凭证是经济业务活动的源头，也是进行会计处理的原始依据。原始凭证的真实性、有效性、合法性、合理性和准确性直接影响会计信息质量的高低，影响投资者、债权人等各方的权益。通过对原始凭证的填制与审核，使学生了解原始凭证应具有的基本要素、各种原始凭证填制时的注意事项等。同时，使学生真正意识到对原始凭证进行审核的重要性。

>>> 实训要求

1. 认真阅读实训资料的要求，判断发生了何种经济业务。
2. 审核经济业务发生的真实性、合法性和合理性。
3. 根据发生的业务，逐一填制证明经济业务发生的原始凭证。
4. 检查原始凭证的各要素，保证其真实有效。
5. 掌握错误的原始凭证的更正方法。

任务一　原始凭证的填制

一、实训设计

（1）仔细阅读资料，检查原始凭证的种类属自制原始凭证还是外来原始凭证。

（2）用黑色碳素笔逐一完成原始凭证的填制。

（3）检查凭证的项目是否齐全，填写是否正确，内容是否合理。

二、实训资料

华兴有限责任公司的相关资料如表 1-1 所示。

表 1-1　华兴有限责任公司相关资料

项目	内容	项目	内容
会计主体	华兴有限责任公司	增值税税率	16%
基本开户行	内蒙古工商银行新城支行	账　　号	350080922250678
单位负责人	赵为	地　　址	呼和浩特市新城区大学东路 5 号
出　　纳	刘敏	电　　话	0471－4933633
会计主管	郭玲	纳税人登记号	91150102MA0NB78Q9M

（1）华兴有限责任公司 2019 年 1 月 5 日销售甲产品给利峰商贸有限责任公司，销售数量 55 件，每件价款 108 元，开出增值税专用发票（见图 1-1～图 1-3），货款尚未收到。

增值税专用发票

4400174130　　　　No.05890001

此联不作报销、扣税凭证使用

校验码02134 25364 15487 36598　　　　开票日期：

购买方	名　　称： 纳税人识别号： 地 址、电 话： 开户行及账号：				密码区	（略）		
货物或应税劳务、服务名称	规格型号	单位	数量	单价	金额	税率	税额	
合　计								
价税合计（大写）				（小写）				
销售方	名　　称： 纳税人识别号： 地 址、电 话： 开户行及账号：				备注			

第一联：记账联　销售方记账凭证

收款人：　　复核：　　开票人：　　销货方：（章）

图 1-1　增值税专用发票第一联

增值税专用发票

国家税务总局监制

4400174130 抵 扣 联 No.05890001

校验码02134 25364 15487 36598 开票日期：

购买方	名　　称： 纳税人识别号： 地 址、电 话： 开户行及账号：					密码区	（略）
货物或应税劳务、服务名称	规格型号	单位	数量	单价	金额	税率	税额
合　计							
价税合计（大写）				（小写）			
销售方	名　　称： 纳税人识别号： 地 址、电 话： 开户行及账号：					备注	

收款人：　　复核：　　开票人：　　销货方：（章）

第二联：抵扣联　购买方扣税凭证

图 1-2　增值税专用发票第二联

增值税专用发票

国家税务总局监制

4400174130 发 票 联 No.05890001

校验码02134 25364 15487 36598 开票日期：

购买方	名　　称： 纳税人识别号： 地 址、电 话： 开户行及账号：					密码区	（略）
货物或应税劳务、服务名称	规格型号	单位	数量	单价	金额	税率	税额
合　计							
价税合计（大写）				（小写）			
销售方	名　　称： 纳税人识别号： 地 址、电 话： 开户行及账号：					备注	

收款人：　　复核：　　开票人：　　销货方：（章）

第三联：发票联　购买方记账凭证

图 1-3　增值税专用发票第三联

利峰商贸有限责任公司的地址：呼和浩特市赛罕区海东路15号。

电话：0471-4766366。

开户行：交通银行海东路支行。

账号：606500333090543。

税务登记号：453707988456109。

(2) 2019年1月10日，华兴有限责任公司营业部将现金8 500元存入银行。其中，100元60张、50元40张、10元25张、5元50张，填制现金交款单(见图1-4)。

中国工商银行现金交款单(回单)

年　月　日　③　NO. 135400

<table>
<tr><td colspan="2">款项来源</td><td colspan="4"></td><td colspan="2" rowspan="2">收款单位</td><td>全　称</td><td colspan="8"></td><td rowspan="6">此联由银行盖章退回单位</td></tr>
<tr><td colspan="2">解款部门</td><td colspan="4"></td><td>账　号</td><td colspan="8"></td></tr>
<tr><td rowspan="2">金额</td><td colspan="8" rowspan="2">人民币
(大写)</td><td>拾</td><td>万</td><td>仟</td><td>佰</td><td>拾</td><td>元</td><td>角</td><td>分</td></tr>
<tr><td></td><td></td><td></td><td></td><td></td><td></td><td></td><td></td></tr>
<tr><td>种类</td><td>张数</td><td>种类</td><td>张数</td><td>种类</td><td>张数</td><td>种类</td><td>张数</td><td colspan="9" rowspan="2">(银行盖章)
收款
复核</td></tr>
<tr><td>一百元</td><td></td><td>五十元</td><td></td><td>十元</td><td></td><td>五元</td><td></td></tr>
</table>

图1-4　现金交款单

(3) 2019年1月12日，收到宏大经济有限责任公司转账支票一张，是归还之前所欠公司的销货款18 006.75元。宏大经济有限责任公司开户行为呼和浩特市工商银行赛罕区支行，账号606765400392311。填制进账单(见图1-5～图1-7)，将款项存入银行。

ICBC　中国工商银行进账单(回单)1

年　月　日

<table>
<tr><td rowspan="3">出票人</td><td>全　称</td><td colspan="2"></td><td rowspan="3">收款人</td><td>全　称</td><td colspan="11"></td><td rowspan="7">此联是收款人开户银行交给付款人的回单</td></tr>
<tr><td>账　号</td><td colspan="2"></td><td>账　号</td><td colspan="11"></td></tr>
<tr><td>开户银行</td><td colspan="2"></td><td>开户银行</td><td colspan="11"></td></tr>
<tr><td rowspan="2">金额</td><td colspan="5" rowspan="2">人民币
(大写)</td><td>亿</td><td>千</td><td>百</td><td>十</td><td>万</td><td>千</td><td>百</td><td>十</td><td>元</td><td>角</td><td>分</td></tr>
<tr><td></td><td></td><td></td><td></td><td></td><td></td><td></td><td></td><td></td><td></td><td></td></tr>
<tr><td>票据种类</td><td></td><td>票据张数</td><td></td><td colspan="13" rowspan="2">收款人开户银行签章</td></tr>
<tr><td>票据号码</td><td colspan="3">复核　　记账</td></tr>
</table>

图1-5　进账单(回单)

ICBC 中国工商银行进账单(借方凭证)2

年 月 日

出票人	全　称		收款人	全　称	
	账　号			账　号	
	开户银行			开户银行	
金额	人民币（大写）		亿千百十万千百十元角分		
票据种类		票据张数			
票据号码					
复核　记账			收款人开户银行签章		

此联是收款人开户银行借方凭证

图 1-6　进账单(借方凭证)

ICBC 中国工商银行进账单(收账通知)3

年 月 日

出票人	全　称		收款人	全　称	
	账　号			账　号	
	开户银行			开户银行	
金额	人民币（大写）		亿千百十万千百十元角分		
票据种类		票据张数			
票据号码					
复核　记账			收款人开户银行签章		

此联是收款人开户银行交给收款人的收账通知

图 1-7　进账单(收账通知)

(4) 2018 年 1 月 18 日，从本市祥和公司购入 1 000 吨甲材料，每吨 35 元，收到增值税发票。签发支票一张(见图 1-8 ~ 图 1-11)，付讫。

(5) 2019 年 1 月 20 日，华兴有限公司从银行提回现金 40 050 元，备发工资，开出现金支票(见图 1-12)。

(6) 2019 年 1 月 21 日，开出电汇凭证(见图 1-13 ~ 图 1-16)，支付前欠山西运大公司货款 120 578. 95 元。山西运大公司账号 278830045865669，汇入地点为山西农行运城支行。

(7)2019 年 1 月 22 日，华兴有限责任公司向天地房地产公司销售 B 型板，天地房地产公司开户行为回民区农行，账号 453771255489961，价税合计 228 150 元，已到银行办妥委托收款手续，填制委托收款凭证(见图 1-17)。

中国工商银行
支票存根
10200030
37080905
附加信息
出票日期　年　月　日
收款人:
金　额:
用　途:
单位主管　会计
深圳光华印制有限公司·2011年印制

中国工商银行转账支票　10200030
37080905
出票日期（大写）　年　月　日　付款行名称:
收款人:　出票人账号:
付款期限自出票之日起十天
人民币（大写）　亿 千 百 十 万 千 百 十 元 角 分
用途　密码
上列款项请从　行号　12015081026
我账户内支付
出票人签章　复核　记账

⑈080880⑈ 0012⑆887⑆51⑆ 092000131170⑈ 00

图1-8　转账支票正面

附加信息	被背书人	被背书人
	背书人签章 年　月　日	背书人签章 年　月　日

（粘贴单处）

根据《中华人民共和国票据法》等法律法规的规定，签发空头支票由中国人民银行处以票面金额5%但不低于1000元的罚款

深圳光华印制有限公司·2011年印制

图1-9　转账支票背面

中国工商银行
支票存根
10200030
37080905
附加信息
出票日期　年　月　日
收款人：
金　额：
用　途：
单位主管　会计
深圳光华印制有限公司·2011年印制

中国工商银行　支票　10200030 37080905
出票日期（大写）　年　月　日　付款行名称：
收款人：　出票人账号：
付款期限自出票之日起十天

人民币（大写）	亿	千	百	十	万	千	百	十	元	角	分

用途　密码
上列款项请从　行号　12015081026
我账户内支付
出票人签章　复核　记账

⑈080880⑈ 0012⑆887⑆5⑈　092000131170⑈ 00

图1-10　普通支票正面

附加信息	被背书人	被背书人
	背书人签章 年　月　日	背书人签章 年　月　日

（贴粘单处）

根据《中华人民共和国票据法》等法律法规的规定，签发空头支票由中国人民银行处以票面金额5%但不低于1000元的罚款

深圳光华印制有限公司·2011年印制

图1-11　普通支票背面

中国工商银行
支票存根
10200030
37080905
附加信息
出票日期 年 月 日
收款人：
金 额：
用 途：
单位主管 会计

深圳光华印制有限公司 · 2011 年印制

中国工商银行现金支票 10200030
37080905

出票日期（大写） 年 月 日 付款行名称：
收款人： 出票人账号：

付款期限自出票之日起十天

人民币（大写）		亿	千	百	十	万	千	百	十	元	角	分

用途 密码
上列款项请从 行号 12015081026
我账户内支付
出票人签章 复核 记账

080880 0012 88 7 5 092000 3 70 00

图1-12 现金支票

中国工商银行　　　　电汇凭证(回单)　　　　1　简称 A

□普通　□加急　　　　委托时间　　年　　月　　日

汇款人	全　称		收款人	全　称	
	账　号			账　号	
	汇出地点	省　　市/县		汇入地点	省　　市/县
汇出行名称			汇入行名称		
金额	人民币（大写）		千 百 十 万 千 百 十 元 角 分		
			支付密码	******	
			附加信息及用途：		
	汇出行签章：		复核：	记账：	

此联汇出行为汇款人的回单

图 1-13　电汇凭证(回单)

中国工商银行　　　　电汇凭证(借方凭证)　　　　2　简称 A

□普通　□加急　　　　委托时间　　年　　月　　日

汇款人	全　称		收款人	全　称	
	账　号			账　号	
	汇出地点	省　　市/县		汇入地点	省　　市/县
汇出行名称			汇入行名称		
金额	人民币（大写）		千 百 十 万 千 百 十 元 角 分		
			支付密码	******	
			附加信息及用途：		
	汇出行签章：		复核：	记账：	

此联汇出行作为借方凭证

图 1-14　电汇凭证(借方凭证)

(8)2019 年 1 月 25 日，华兴有限责任公司向龙江建材公司销售 A 型板，龙江建材公司开户行为回民区工行，账号 337568900231456，价税合计 242 680 元，采用托收承付结算方式，商品已发出，并已办妥托收手续，填制托收承付凭证(见图 1-18)。

(9)2019 年 1 月 22 日，华兴有限责任公司从青山钢铁厂购进板材。青山钢铁厂开户行为回民区农行，账号 337645120290900，价税合计 664 267.5 元。根据协议签发 1 张期限为 3 个月的银行承兑汇票(见图 1-19)。

中国工商银行　　　电汇凭证(贷方凭证)　　　3　简称A

□普通　□加急　　　委托时间　　年　　月　　日

<table>
<tr><td rowspan="3">汇款人</td><td>全　　称</td><td colspan="2"></td><td rowspan="3">收款人</td><td>全　　称</td><td colspan="2"></td><td rowspan="8">此联汇入行作为贷方凭证</td></tr>
<tr><td>账　　号</td><td colspan="2"></td><td>账　　号</td><td colspan="2"></td></tr>
<tr><td>汇出地点</td><td>省</td><td>市/县</td><td>汇入地点</td><td>省</td><td>市/县</td></tr>
<tr><td colspan="2">汇出行名称</td><td colspan="2"></td><td colspan="2">汇入行名称</td><td colspan="2"></td></tr>
<tr><td>金额</td><td>人民币（大写）</td><td colspan="4"></td><td colspan="2">千 百 十 万 千 百 十 元 角 分</td></tr>
<tr><td colspan="4" rowspan="3">汇出行签章：</td><td>支付密码</td><td colspan="3">******</td></tr>
<tr><td colspan="4">附加信息及用途：</td></tr>
<tr><td colspan="2">复核：</td><td colspan="2">记账：</td></tr>
</table>

图1-15　电汇凭证(贷方凭证)

中国工商银行　　　电汇凭证(收账通知)　　　4　简称A

□普通　□加急　　　委托时间　　年　　月　　日

<table>
<tr><td rowspan="3">汇款人</td><td>全　　称</td><td colspan="2"></td><td rowspan="3">收款人</td><td>全　　称</td><td colspan="2"></td><td rowspan="8">此联为收款人的收账通知</td></tr>
<tr><td>账　　号</td><td colspan="2"></td><td>账　　号</td><td colspan="2"></td></tr>
<tr><td>汇出地点</td><td>省</td><td>市/县</td><td>汇入地点</td><td>省</td><td>市/县</td></tr>
<tr><td colspan="2">汇出行名称</td><td colspan="2"></td><td colspan="2">汇入行名称</td><td colspan="2"></td></tr>
<tr><td>金额</td><td>人民币（大写）</td><td colspan="4"></td><td colspan="2">千 百 十 万 千 百 十 元 角 分</td></tr>
<tr><td colspan="4" rowspan="3">汇出行签章：</td><td>支付密码</td><td colspan="3">******</td></tr>
<tr><td colspan="4">附加信息及用途：</td></tr>
<tr><td colspan="2">复核：</td><td colspan="2">记账：</td></tr>
</table>

图1-16　电汇凭证(收账通知)

(10) 2019年1月23日，华兴有限责任公司向银行提交“银行汇票申请书”，办理银行汇票720 000元，用于从辛海钢铁厂购买钢材。辛海钢铁厂开户行为呼和浩特市商行赛罕区支行，账号230789000460580。填制银行汇票申请书(见图1-20)。

委托收款凭证(回单)1 第　　号

委邮　　委托日期　　年　　月　　日　　委托号码

<table>
<tr><td rowspan="3">汇款人</td><td>全　称</td><td></td><td rowspan="3">收款人</td><td>全　称</td><td colspan="3"></td></tr>
<tr><td>账号或住址</td><td></td><td>账　号</td><td colspan="3"></td></tr>
<tr><td>开户银行</td><td></td><td>开户银行</td><td></td><td>行号</td><td></td></tr>
<tr><td>委托金额</td><td colspan="4">人民币
（大写）</td><td colspan="3">仟 佰 拾 万 仟 佰 拾 元 角 分</td></tr>
<tr><td rowspan="2">款项内容</td><td rowspan="2"></td><td>委托收款</td><td rowspan="2" colspan="2"></td><td rowspan="2">附寄单证张数</td><td rowspan="2" colspan="2"></td></tr>
<tr><td>凭证名称</td></tr>
<tr><td colspan="2">备注:</td><td colspan="3">款项收托日期

年　月　日</td><td colspan="3">收款人开户银行盖章

年　月　日</td></tr>
</table>

此联是收款人开户银行交给付款人的回单

单位主管　　会计　　复核　　记账

图 1-17　委托收款凭证(回单)

托收承付凭证(回单)1 第　　号

邮　　委托日期　　年　　月　　日　　托收号码

<table>
<tr><td rowspan="3">汇款人</td><td>全　称</td><td colspan="2"></td><td rowspan="3">收款人</td><td>全　称</td><td colspan="3"></td></tr>
<tr><td>账号或住址</td><td colspan="2"></td><td>账　号</td><td colspan="3"></td></tr>
<tr><td>开户银行</td><td colspan="2"></td><td>开户银行</td><td></td><td>行号</td><td></td></tr>
<tr><td>托收金额</td><td colspan="5">人民币
（大写）</td><td colspan="3">仟 佰 拾 万 仟 佰 拾 元 角 分</td></tr>
<tr><td colspan="2">附件</td><td colspan="3">商品发运情况</td><td colspan="4">合同名称号码</td></tr>
<tr><td colspan="2">附寄单证张数</td><td></td><td colspan="2"></td><td colspan="4"></td></tr>
<tr><td colspan="3">备注:</td><td colspan="3">款项受托日期

年　月　日</td><td colspan="3">收款人开户银行盖章

年　月　日</td></tr>
</table>

此联是收款人开户银行交给付款人的回单

单位主管　　会计　　复核　　记账

图 1-18　托收承付凭证回单

银行承兑汇票

签发日期　　年　　月　　日

<table>
<tr><td rowspan="3">承兑申请人</td><td>全　　称</td><td colspan="3"></td><td rowspan="3">收款人</td><td>全　　称</td><td colspan="3"></td></tr>
<tr><td>账　　号</td><td colspan="3"></td><td>账　　号</td><td colspan="3"></td></tr>
<tr><td>开户银行</td><td></td><td>行号</td><td></td><td>开户银行</td><td></td><td>行号</td><td></td></tr>
<tr><td>汇票金额</td><td colspan="7">人民币
（大写）</td><td colspan="2">仟 佰 拾 万 仟 佰 拾 元 角 分</td></tr>
<tr><td colspan="5">汇票到期日　　年　　月　　日</td><td colspan="2">承兑协议编号</td><td colspan="3"></td></tr>
<tr><td colspan="10">备注：</td></tr>
</table>

图 1-19　银行承兑汇票

中国工商银行汇票申请书（存根）　　第　　号

申请日期　　年　　月　　日

<table>
<tr><td>申 请 人</td><td></td><td>收 款 人</td><td></td></tr>
<tr><td>账号或住址</td><td></td><td>账号或住址</td><td></td></tr>
<tr><td>用　　途</td><td></td><td>代理付款行</td><td></td></tr>
<tr><td>汇票金额（大写）</td><td colspan="2"></td><td>仟 佰 拾 万 仟 佰 拾 元 角 分</td></tr>
<tr><td colspan="2">备注：</td><td colspan="2">科　　目
对方科目
财务主管　　复核　　经办</td></tr>
</table>

图 1-20　银行汇票申请书

（11）2019 年 1 月 23 日，公司科研信息部员工徐跃出差回来，报销差旅费 2 300 元，交回现金 700 元，填制收据（见图 1-21）。

<table>
<tr><td>
收　　据
年　　月　　日　　　字　NO 0000623
今收到＿＿＿＿＿＿＿＿
交　来＿＿＿＿＿＿＿＿
人民币＿＿＿＿＿＿　¥＿＿＿＿
收款单位
公　　章　　收款人　　交款人
</td><td>第三联
记账凭证</td></tr>
</table>

图 1-21　收据

(12) 2019 年 1 月 25 日，华兴有限责任公司购买办公用品，笔 32 支，每支 28.5 元，计算器 8 个，每个 16.5 元，取得增值税普通发票(见图 1-22)。

增值税专用发票

25233551　　　　发票联　　　　No.06214645

开票日期：　年　月　日

购货单位	名　称： 纳税人识别号： 地 址、电 话： 开户行及账号：				密码区	（略）	
货物及应税劳务名称	规格型号	单位	数量	单价	金额	税率	税额
合　计							
价税合计（大写）				（小写）			
销货单位	名　称： 纳税人识别号： 地 址、电 话： 开户行及账号：				备注		

收款人：　　复核：　　开票人：　　销货单位：（章）

第三联　发票联　购货方记账凭证

图 1-22　增值税普通发票

(13) 2019 年 1 月 26 日，徐跃出差考察预借差旅费 9 000 元，填制借款单(见图 1-23)。

借　款　单

年　月　日

借款单位：		
借款理由：		
借款数额：人民币(大写)		
本单位负责人意见：		借款人：
会计主管核批：	付款方式：	出纳：

图 1-23　借款单

(14) 2019 年 1 月 27 日，从本市祥和公司购入 1 000 吨甲材料，每吨 35 元，验收入库，填制收料单(见图 1-24)。

发票号码：

收料单

年　月　日

供应单位：　　　　　　　　　　　　　　　　　　　　收料单编号：

材料类别：　　　　　　　　　　　　　　　　　　　　收料仓库：

<table>
<tr><th rowspan="3">编号</th><th rowspan="3">名称</th><th rowspan="3">规格</th><th rowspan="3">单位</th><th colspan="2">数　量</th><th colspan="5">实　际　成　本</th><th rowspan="3">备注</th></tr>
<tr><th rowspan="2">应收</th><th rowspan="2">实收</th><th colspan="2">买价</th><th rowspan="2">运杂费</th><th rowspan="2">其他</th><th rowspan="2">合计</th></tr>
<tr><th>单价</th><th>金额</th></tr>
<tr><td></td><td></td><td></td><td></td><td></td><td></td><td></td><td></td><td></td><td></td><td></td><td></td></tr>
<tr><td></td><td></td><td></td><td></td><td></td><td></td><td></td><td></td><td></td><td></td><td></td><td></td></tr>
<tr><td colspan="6">合计</td><td></td><td></td><td></td><td></td><td></td><td></td></tr>
</table>

第三联　记账联

主管：　　　　采购员：　　　　检验员：　　　　记账员：　　　　保管员：

图 1-24　收料单

任务二　原始凭证的审核

一、实训设计

通过原始凭证的审核实训，学生应明确审核原始凭证的必要性，掌握审核原始凭证的方法，能对接收的原始凭证按照《会计基础工作规范》中的要求进行审核，对原始凭证的错误采用正确的方法更正，能够独立完成相关原始凭证的审核工作。

二、实训资料

对任务一中填制的原始凭证交叉审核。

实训二 记账凭证的填制与审核

>>> 实训目的

记账凭证是根据原始凭证编制的，记录经济业务借贷方向和金额的书面证明，是登记账簿的依据，是会计信息处理的基础。

1. 掌握通用记账凭证的内容、填制方法、审核内容及审核要求。
2. 认识记账凭证在实际会计工作中的重要作用。
3. 初步了解会计凭证的传递顺序。
4. 在实训中进一步体会记账凭证在会计核算工作中的重要性。

>>> 实训要求

填制和审核记账凭证是会计核算工作的重要环节，规范、正确地填制记账凭证是顺利进行会计核算工作的可靠保证。

1. 在开始本实训的操作之前，先回顾一下理论课教学中关于记账凭证填制和审核的要求及注意事项。
2. 按照记账凭证填制要求和填制内容，根据实训资料认真填制通用记账凭证。
3. 根据记账凭证的审核要求审核所填制的记账凭证。

一、实训设计

（1）了解原始凭证所体现的经济业务的内容及性质。

（2）在指导教师带领下回顾通用记账凭证填制的内容和要求，审核经济业务的内容。

（3）根据实训资料中的原始凭证填制通用记账凭证。

（4）依据记账凭证审核的要求和内容，分组交叉审核所填制的记账凭证。

二、实训资料

会计主体为华兴有限责任公司，开户银行为呼和浩特市工商银行如意支行，账号 56－78963214782。

（1）2019 年 6 月 2 日，收到银行收账通知(见图 2-1)，ABC 公司根据投资合同的约定将投资款存入银行。

ICBC 中国工商银行进账单(收账通知)3

2019 年 6 月 2 日　　第 06326 号

出票人	全　称	ABC 公司	收款人	全　称	华兴有限责任公司									
	账　号	12－654789231		账　号	56－78963214782									
	开户银行	农业银行营业部		开户银行	工商银行如意支行									
金额	人民币（大写）	陆拾万元整			仟	佰	拾	万	仟	佰	拾	元	角	分
						¥	6	0	0	0	0	0	0	0
票据种类		转账支票												
票据张数		壹												
单位主管　会计　复核　记账			收款人开户银行签章											

图 2-1　进账单

（2）2019 年 6 月 4 日，企业销售 FUD 产品给青岛长城公司，增值税专用发票已开出(见图 2-2)，产品已通过铁路运输部门发出，并开出转账支票代购货方垫付运费 1 600 元，运费增值税 160 元，支票存根见图 2-3，运输发票见图 2-4。货款已办妥托收承付手续，取得托收承付回单(见图 2-5)。

（3）2019 年 6 月 7 日，购进甲材料取得增值税专用发票(见图 2-6)。保管人员填制收料单(见图 2-7)，材料已如数入库，根据合同的约定，货款在 10 日内付清。

（4）2019 年 6 月 8 日，财务人员填制电汇结算凭证(见图 2-8)，采用汇兑结算方式偿还上月购入的甲材料款。

（5）2019 年 6 月 10 日，采用提货制销售 EWB 产品 200 件，销售科业务员开出增值税专用发票(见图 2-9)。购货方以转账支票结算货款(见图 2-10)，财会人员当日填写进账单(见图 2-11)将支票送存银行。

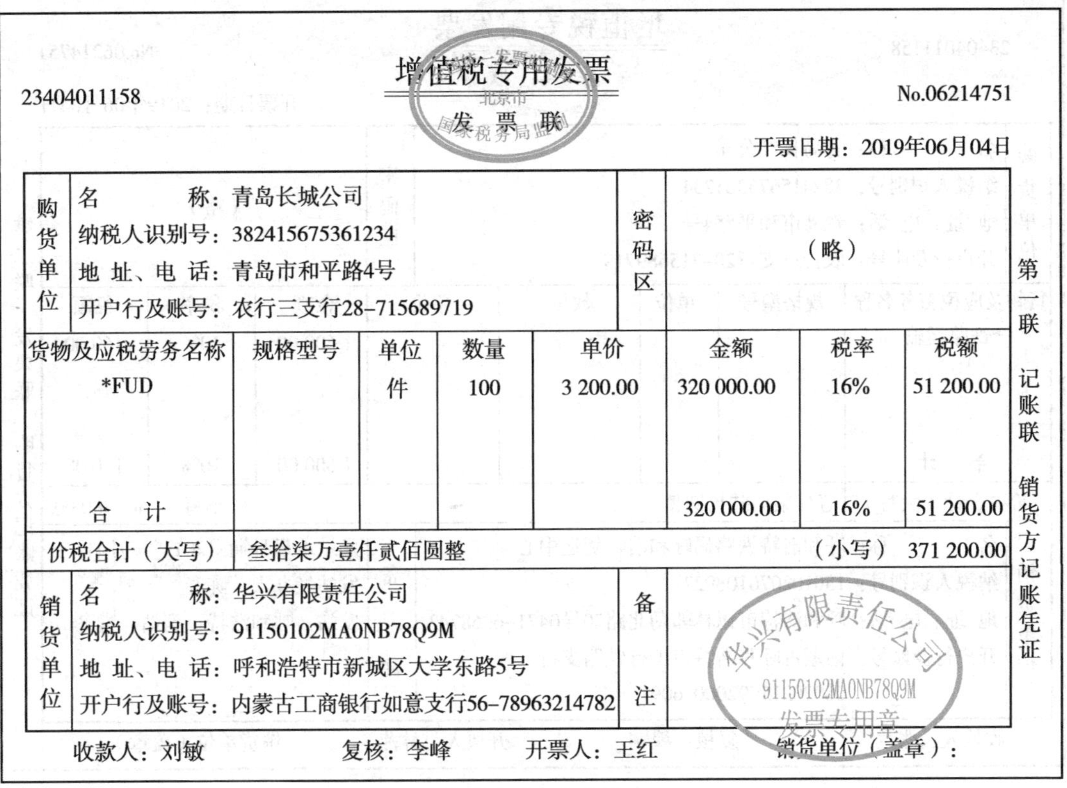

23404011158　　增值税专用发票　　No.06214751

北京市 国家税务局监制

发 票 联

开票日期：2019年06月04日

购货单位	名　　称：青岛长城公司 纳税人识别号：382415675361234 地 址、电 话：青岛市和平路4号 开户行及账号：农行三支行28–715689719				密码区	（略）		
货物及应税劳务名称	规格型号	单位	数量	单价	金额	税率	税额	
*FUD		件	100	3 200.00	320 000.00	16%	51 200.00	
合　计					320 000.00	16%	51 200.00	
价税合计（大写）	叁拾柒万壹仟贰佰圆整				（小写） 371 200.00			
销货单位	名　　称：华兴有限责任公司 纳税人识别号：91150102MA0NB78Q9M 地 址、电 话：呼和浩特市新城区大学东路5号 开户行及账号：内蒙古工商银行如意支行56–78963214782				备注			

第一联 记账联 销货方记账凭证

收款人：刘敏　　复核：李峰　　开票人：王红　　销货单位（盖章）：

华兴有限责任公司 91150102MA0NB78Q9M 发票专用章

图 2-2　增值税专用发票（第一联）

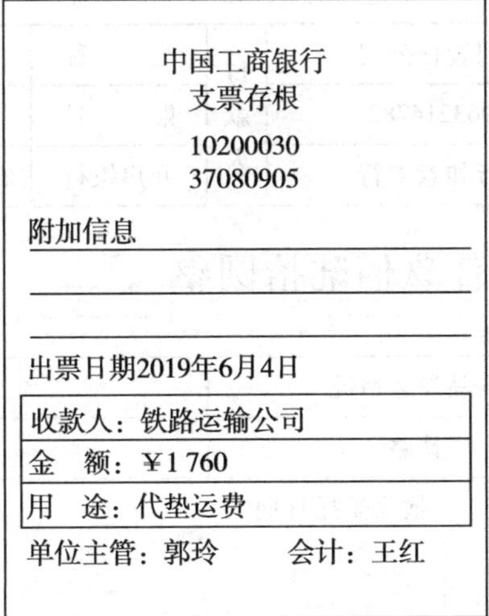

中国工商银行
支票存根
10200030
37080905

附加信息

出票日期2019年6月4日

收款人：铁路运输公司
金　额：￥1 760
用　途：代垫运费

单位主管：郭玲　　会计：王红

图 2-3　支票存根

增值税专用发票

<table>
<tr><td colspan="3">23404011158</td><td colspan="3">发票联</td><td colspan="3">No.06214751</td></tr>
<tr><td colspan="9">开票日期：2019年06月04日</td></tr>
<tr><td>购货单位</td><td colspan="4">名　　称：青岛长城公司
纳税人识别号：382415675361234
地 址、电 话：青岛市和平路4号
开户行及账号：农行三支行28-715689719</td><td>密码区</td><td colspan="3">（略）</td></tr>
<tr><td colspan="2">货物及应税劳务名称</td><td>规格型号</td><td>单位</td><td>数量</td><td>单价</td><td>金额</td><td>税率</td><td>税额</td></tr>
<tr><td colspan="2">*铁路运输</td><td></td><td></td><td></td><td></td><td>1 600.00</td><td>10%</td><td>160.00</td></tr>
<tr><td colspan="2">合　计</td><td></td><td></td><td></td><td></td><td>1 600.00</td><td>10%</td><td>160.00</td></tr>
<tr><td colspan="2">价税合计（大写）</td><td colspan="4">壹仟柒佰陆拾圆整</td><td colspan="3">（小写）￥1 760.00</td></tr>
<tr><td>销货单位</td><td colspan="4">名　　称：呼和浩特铁路局呼和浩特货运中心
纳税人识别号：150102070108922
地 址、电 话：呼和浩特市锡林郭勒北路30号0471-6968743
开户行及账号：内蒙古呼和浩特市工行铁路支行
0602021509200016091</td><td>备注</td><td colspan="3">发站承运日期　2019年6月4日
发站经办人　陈春
发站：呼和浩特　到站：青岛</td></tr>
</table>

收款人：张兰　　复核：魏娜　　开票人：林萍　　销货单位（盖章）：

第二联 发票联 购货方记账凭证

图 2-4　运输发票

托收承付凭证（回单）2 第　　号

邮　　委托日期　2019 年 6 月 4 日　　托收号码　05367

<table>
<tr><td rowspan="3">收款人</td><td>全　称</td><td colspan="2">华兴有限责任公司</td><td rowspan="3">付款人</td><td>全　称</td><td colspan="3">青岛长城公司</td></tr>
<tr><td>账号或住址</td><td colspan="2">56－78963214782</td><td>账　号</td><td colspan="3">28－715689719</td></tr>
<tr><td>开户银行</td><td colspan="2">工商银行如意支行</td><td>开户银行</td><td>农行三支行</td><td>行号</td><td>529</td></tr>
<tr><td>托收金额</td><td>人民币（大写）</td><td colspan="4">叁拾柒万贰仟玖佰陆拾圆整</td><td colspan="3">仟 佰 拾 万 仟 佰 拾 元 角 分
　 ￥ 3 7 2 9 6 0 0 0</td></tr>
<tr><td colspan="2">附件</td><td colspan="3">商品发运情况</td><td colspan="4">合同名称号码</td></tr>
<tr><td>附寄单证张数</td><td>肆</td><td colspan="3">铁路</td><td colspan="4">GH－0123</td></tr>
<tr><td colspan="3">备注：</td><td colspan="2">款项受托日期
2019 年 6 月 4 日</td><td colspan="4">收款人开户银行盖章
2019 年 6 月 4 日</td></tr>
</table>

此联是收款人开户银行交给收款人的回单

单位主管　　会计　　复核　　记账

图 2-5　托收承付回单

增值税专用发票

发票联

2340401121　　　　　　　　　　　　　　　　　　　　　　　　No.06142

开票日期：2019年06月04日

购货单位	名　　称：华兴有限责任公司 纳税人识别号：91150102MA0NB78Q9M 地 址、电 话：呼和浩特市新城区大学东路5号 开户行及账号：内蒙古工商银行如意支行56-78963214782				密码区	（略）		
货物及应税劳务名称	规格型号	单位	数量	单价	金额	税率	税额	
*甲材料		吨	20	1620.00	32400.00	16%	5184.00	
合　计					32400.00	16%	5184.00	
价税合计（大写）	叁万柒仟伍佰捌拾肆圆整				（小写）¥37 584.00			
销货单位	名　　称：天津大兴材料厂 纳税人识别号：354669871234567 地 址、电 话：天津市海河路 开户行及账号：建设银行9823651				备注	天津大兴材料厂 354669871234567 发票专用章		

第二联 发票联 购货方记账凭证

收款人：刘敏　　　　复核：李峰　　　　开票人：王红　　　　销货单位（盖章）：

图 2-6　增值税专用发票

收　料　单

供货单位　天津大兴材料厂

材料科目　原材料　　　　　　2019 年 6 月 7 日　　　　　　发票号码　067142

材料类别　主要材料　　　　　　　　　　　　　　　　　　　编　　号　10

材料编号	名称	规格	计量单位	数量		实际成本						
				应收	实收	买价 单价	买价 金额	运杂费	其他	合计	单位成本	金额
3210	甲材料	H01	吨	20	20	1 620	32 400			32 400	1 620	

保管人　张伟

图 2-7　收料单

中国工商银行　　电汇凭证(收账通知)　　4　简称 A

□普通　□加急　　委托时间　2019 年 6 月 8 日

汇款人	全　称	华兴有限责任公司	收款人	全　称	青岛 NBS 材料厂
	账　号	56－78963214782		账　号	
	汇出地点	内蒙古省呼和浩特市/县		汇入地点	山东省青岛市/县
汇出行名称		工行如意支行	汇入行名称		
金额	人民币（大写）	叁万柒仟伍佰捌拾肆圆整		千百十万千百十元角分	¥ 3 7 5 8 4 0 0
			支付密码		******
			附加信息及用途：		
	汇出行签章：		复核：	记账：	

此联给收款人的收账通知

图 2-8　中国工商银行电汇凭证收账通知

内蒙古增值税专用发票

2340401161　　　　发票联　　　　No.06514234

开票日期：2019年06月10日

购货单位	名　称：永兴有限责任公司 纳税人识别号：365379184226711 地 址、电 话：东河西路25号 开户行及账号：中国建设银行第三支行　08933905	密码区	（略）

货物及应税劳务名称	规格型号	单位	数量	单价	金额	税率	税额
EWB产品		件	200	1 460.00	292 000.00	16%	46 720.00
合　计					¥292 000.00	16%	46 720.00
价税合计（大写）	叁拾叁万捌仟柒佰贰拾圆整				（小写）　¥338 720.00		

销货单位	名　称：华兴有限责任公司 纳税人识别号：91150102MA0NB78Q9M 地 址、电 话：呼和浩特市新城区大学东路5号　0471-4933633 开户行及账号：内蒙古工商银行新城支行　350080922250678	备注	

收款人：刘敏　　复核：李峰　　开票人：周文　　销货单位（盖章）：

第三联　记账联　销售方记账凭证

华兴有限责任公司　91150102MA0NB78Q9M　发票专用章

图 2-9　增值税专用发票

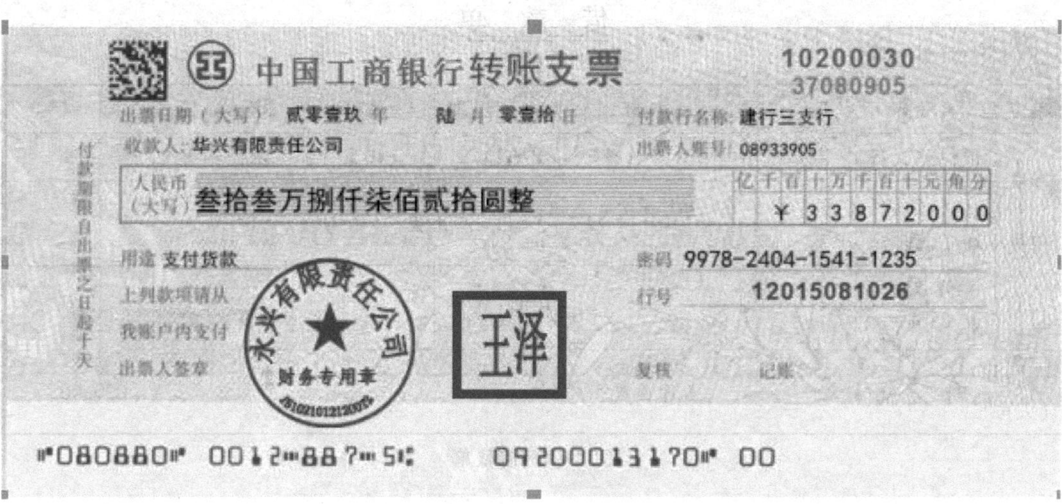

中国工商银行转账支票　10200030　37080905

出票日期（大写）贰零壹玖 年 陆 月 零壹拾 日　付款行名称：建行三支行

收款人：华兴有限责任公司　出票人账号：08933905

人民币（大写）	亿	千	百	十	万	千	百	十	元	角	分
叁拾叁万捌仟柒佰贰拾圆整			¥	3	3	8	7	2	0	0	0

用途 支付货款　密码 9978-2404-1541-1235

上列款项请从　行号 12015081026

我账户内支付

出票人签章　复核　记账

付款期限自出票之日起十天

永兴有限责任公司 财务专用章　王泽

图 2-10　转账支票

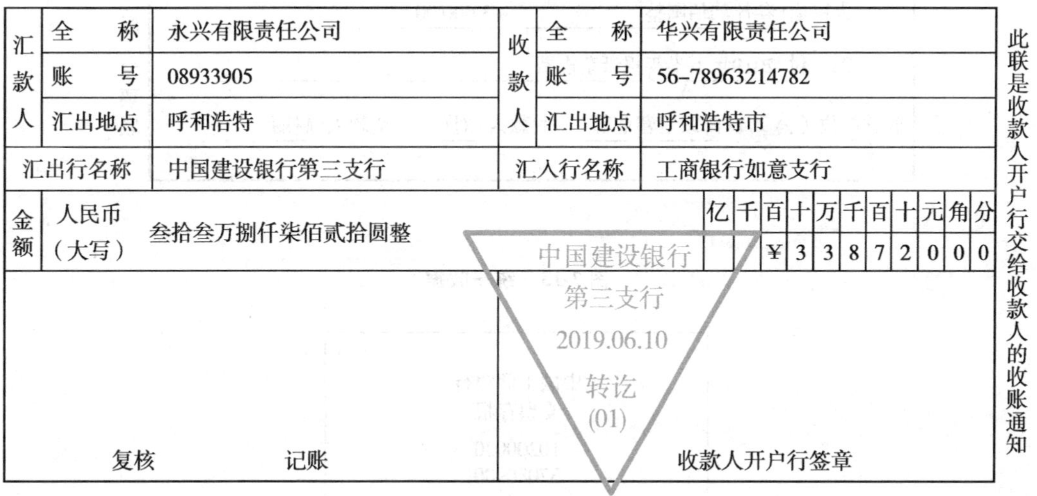

进账单（收账通知）3

2019年06月10日

汇款人	全　称	永兴有限责任公司	收款人	全　称	华兴有限责任公司
	账　号	08933905		账　号	56-78963214782
	汇出地点	呼和浩特		汇出地点	呼和浩特市
汇出行名称		中国建设银行第三支行	汇入行名称		工商银行如意支行

金额	人民币（大写）	亿	千	百	十	万	千	百	十	元	角	分
	叁拾叁万捌仟柒佰贰拾圆整			¥	3	3	8	7	2	0	0	0

复核　记账　　中国建设银行 第三支行 2019.06.10 转讫 (01)　收款人开户行签章

此联是收款人开户行交给收款人的收账通知

图 2-11　进账单

(6) 2019 年 6 月 11 日，业务员孙新出差预借旅差费。财务人员根据审核无误的借款单(见图 2-12)付现金 3 000 元。

(7) 2019 年 6 月 12 日，企业以存款支付下半年书报费，取得统一收据(见图 2-13)。支票存根见图 2-14。

(8)2019 年 6 月 13 日，企业收到银行转来的收账通知(见图 2-15)，同日以托收方式向青岛长城公司收取的货款已收妥入账。

(9) 2019 年 6 月 16 日，开出转账支票一张，支付本月电视台广告费，支票存根见图 2-16。取得电视台开局广告费的增值税专用发票(见图 2-17)。

借　款　单

2019 年 6 月 11 日

单位	业务部		姓　　名	孙新	财务部经理	张明	审　　批	
项目	预付差旅费		出差事由	业务洽谈	出差地点	北京	部门经理	李成
	其他借款	借款理由	出差					
		对方单位			开户行账号		付款方式	
人民币（大写）	叁仟圆整							¥3 000.00

图 2-12　借款单

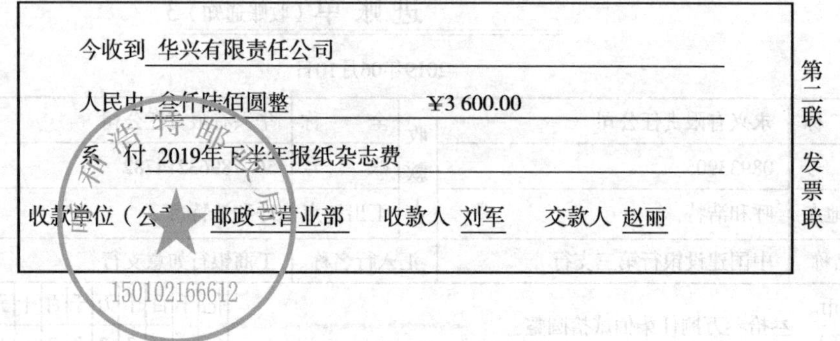

邮政统一收款收据

2019年6月12日

今收到　华兴有限责任公司

人民币　叁仟陆佰圆整　　¥3 600.00

系　付　2019年下半年报纸杂志费

收款单位（公章）　邮政三营业部　收款人　刘军　　交款人　赵丽

第二联　发票联

图 2-13　统一收据

中国工商银行
支票存根
10200030
37080900

附加信息

出票日期2019年6月12日

收款人：呼和浩特邮政局
金　额：¥3 600.00
用　途：预付报刊费

单位主管：　　会计：

图 2-14　支票存根

托收承付凭证(收账通知) 3 第 5697 号

邮　　委托日期 2019 年 6 月 13 日　　托收号码 56789

<table>
<tr><td rowspan="3">汇款人</td><td>全　　称</td><td>华兴有限责任公司</td><td rowspan="3">收款人</td><td>全　　称</td><td colspan="3">青岛长城公司</td></tr>
<tr><td>账号或住址</td><td>56－78963214782</td><td>账　　号</td><td colspan="3">28－715689719</td></tr>
<tr><td>开户银行</td><td>工行如意支行</td><td>开户银行</td><td>农行二支行</td><td>行号</td><td>3214</td></tr>
<tr><td>托收金额</td><td>人民币（大写）</td><td colspan="3">叁拾柒万陆仟零捌拾圆整</td><td colspan="3">仟 佰 拾 万 仟 佰 拾 元 角 分
¥ 3 7 6 0 8 0 0 0</td></tr>
<tr><td colspan="2">附件</td><td colspan="3">商品发运情况</td><td colspan="3">合同名称号码</td></tr>
<tr><td>附寄单证张数</td><td>肆</td><td colspan="3">火车</td><td colspan="3">GH－0123</td></tr>
<tr><td colspan="2">备注：</td><td colspan="3">款项受托日期
2019 年 6 月 13 日</td><td colspan="3">收款人开户银行盖章
年　月　日</td></tr>
</table>

此联是收款人开户银行交给收款人的回单

单位主管　　会计　　复核　　记账

图 2-15　托收承付凭证

中国工商银行
支票存根
10200030
370809001
附加信息

出票日期2019年6月16日

收款人：内蒙古乐视传媒有限公司
金　额：¥25 440.00
用　途：广告费

单位主管：　　会计：

图 2-16　支票存根

(10) 2019 年 6 月 15 日，根据合同的约定以电汇方式支付 6 月 7 日购入的甲材料款，电汇凭证回单如图 2-18 所示。

(11) 2019 年 6 月 24 日，财务人员根据审核无误的旅差费报销单(见图 2-19)给业务员孙新报销旅差费 2 430 元，原借款 3 000 元，余款退回现金，填制专用收款收据(见图 2-20)。

增值税专用发票

2340401161　　发票联　　No.06214641

开票日期：2019年06月16日

购货单位	名　　称：华兴有限责任公司 纳税人识别号：91150102MAONB78Q9M 地 址、电 话：呼和浩特市新城区大学东路5号　0471–4933633 开户行及账号：呼和浩特市工商银行如意支行 56–78963214782				密码区	（略）		
货物及应税劳务名称	规格型号	单位	数量	单价	金额	税率	税额	
*现代服务*广告费		次	240	100.00	24 000.00	6%	1 440.00	
合　计					¥24 000.00	6%	¥1 440.00	
价税合计（大写）	贰万伍仟肆佰肆拾圆整					（小写）¥25 440.00		
销货单位	名　　称：内蒙古乐视传媒有限公司 纳税人识别号：91150102MAONB85Q9R 地 址、电 话：呼和浩特新华大街4号　0471–25677778 开户行及账号：中国工商银行新华大街支行　5624565789788				备注			

收款人：刘华　　复核：赵国然　　开票人：周倩倩　　销货单位（盖章）：

第三联　发票联　购货方记账凭证

图 2-17　增值税专用发票

中国工商银行　　电汇凭证（回单）　　1　简称 A

□普通　□加急　　委托时间　2019 年 6 月 15 日

汇款人	全　称	华兴有限责任公司	收款人	全　称	天津大兴材料厂
	账　号	56－78963214782		账　号	9823651
	汇出地点	内蒙古省呼和浩特市/县		汇入地点	省　天津市　县
汇出行名称		内蒙古工商银行新城支行	汇入行名称		建设银行天津支行
金额	人民币（大写）	叁拾柒万玖仟零捌拾圆整		千百十万千百十元角分	¥ 3 7 9 0 8 0 0 0
			支付密码		******
			附加信息及用途：		
汇出行签章：			复核：		记账：

此联汇出行给汇款人的回单

图 2-18　电汇凭证回单

差旅费报销单

单位：业务部　　　　　　　　　　　　　　　　　　　　　　2019 年 6 月 24 日

出差人				孙新				共 1 人			事由			业务洽谈		6 月 12 日—6 月 23 日			共 12 天
出发时间				到达时间				火车票	卧铺票	汽车票	飞机票	市内车费	轮船	宿费	其他	住勤费			合计金额
月	日	时	地点	月	日	时	地点									天数	标准	金额	
5	12	20	本市	5	13	8	北京		800			430		1 200					2 430
合计									400			430		1 200					2 430
合计（大写）								贰仟肆佰叁拾元整								¥2 430.00			

单位负责人　郭峰　　部门负责人　李成　　复核　王启　　报销人　孙新

图 2-19　差旅费报销单

专用收款收据

收款日期　2019 年 6 月 24 日　　　　　　　　　　　　NO. 523

<table>
<tr><td>付款单位
（交款人）</td><td>孙新</td><td>收款单位
（领款人）</td><td colspan="7">财务部</td><td colspan="4">收款项目</td><td>暂借款</td></tr>
<tr><td rowspan="2">人民币
（大写）</td><td colspan="3" rowspan="2">伍佰柒拾圆整</td><td>仟</td><td>佰</td><td>拾</td><td>万</td><td>仟</td><td>佰</td><td>拾</td><td>元</td><td>角</td><td>分</td><td>结算方式</td></tr>
<tr><td></td><td></td><td></td><td></td><td>¥</td><td>5</td><td>7</td><td>0</td><td>0</td><td>0</td><td>现金</td></tr>
<tr><td rowspan="2">收款
事由</td><td colspan="3" rowspan="2">退回预借差旅费</td><td colspan="5" rowspan="2">经　办</td><td colspan="5">部　门</td><td></td></tr>
<tr><td colspan="5">人　员</td><td></td></tr>
<tr><td colspan="3" rowspan="2">上述款项照数收讫无误。
收款单位财会专用章：
（领款人签章）</td><td>会计主管</td><td colspan="5">稽　核</td><td colspan="5">出　纳</td><td>交款人</td></tr>
<tr><td>张明</td><td colspan="5"></td><td colspan="5">周泓</td><td>孙新</td></tr>
</table>

第三联给付款单位收据

图 2-20　专用收款收据

(12) 2019 年 6 月 30 日，财务人员根据本月材料发出汇总表(见图 2-21)，分配结转本月发出材料的实际成本。

(13) 2019 年 6 月 30 日，财务人员根据各部门工资计算单编制工资费用分配汇总表(见图 2-22)，分配结转本月工资费用。

(14) 2019 年 6 月 30 日，财务人员编制本月职工福利费用发生表(见图 2-33)，以库存现金支付，现金支票存根见图 2-24。

发料凭证汇总表

2019 年 6 月 30 日　　　　编号　017

日　期	领料单张数	贷方科目	借方科目				
			生产成本		制造费用	管理费用	合　计
			FUD	EWB			
1—10 日	18	原材料		280 000	30 000	12 000	322 000
11—20 日	15	原材料	520 000	260 000	15 000		795 000
21—30 日	16	原材料	215 000	285 000	25 000	8 000	533 000
合　计	49		735 000	825 000	70 000	20 000	1 650 000

会计主管人员　张庆　　记账　齐力　　审核　王启　　制单　李光

图 2-21　发料凭证汇总表

工资费用分配汇总表

2019 年 6 月 30 日

车间、部门		应分配金额
车间生产工人工资	生产 FUD 产品	530 001. 00
	生产 EWB 产品	172 524. 00
	生产人员工资小计	702 525. 00
车间管理人员		39 886. 00
厂部管理人员		60 105. 00
合　计		802 516. 00

主管　张明　　审核　王启　　制单　鲁明

图 2-22　工资费用分配表

职工福利费用发生表

2019 年 6 月 30 日

车间、部门		应分配金额
车间生产工人工资	生产 FUD	74 200. 14
	生产 EWB	24 153. 36
	生产人员工资小计	98 353. 50
车间管理人员		5 584. 04
厂部管理人员		8 414. 70
合　计		112 352. 24

主管　张明　　审核　王启　　制单　鲁明

图 2-23　职工福利费用发生表

中国工商银行
支票存根
10200030
37080905

附加信息

出票日期2019年6月30日

收款人：华兴有限责任公司
金　额：¥112 352.24
用　途：福利费

单位主管：郭玲　　会计：王红

图 2-24　现金支票存根

（15）2019 年 6 月 30 日，根据本月工资结算汇总表（见图 2-25），签发现金支票，向银行提取现金 762 389.95 元，准备发放工资，支票存根见图 2-26。

工资结算汇总表

2019 年 6 月 30 日

车间或部门		标准工资	奖　金	津　贴	加班工资	应付工资	代扣个人所得税	实发工资
第一车间	生产工人	410 572.00	58 323.40	44 105.60	17 000	530 001	26 500.30	503 500.70
	管理人员	25 206.50	886.00	2 315.50	800.00	29 208.00	1 460.40	27 747.60
第二车间	生产工人	144 571.00	1 462.00	10 491.00	16 000	172 524.00	8 626.20	163 897.80
	管理人员	9 248.00	420.00	810.00	200.00	10 678.00	533.90	10 144.10
管理部门	管理人员	46 440.00	8 235.00	5 430.00		60 105.00	3 005.25	57 099.75
合　计		636 037.50	69 326.40	63 152.10	34 000.00	802 516.00	40 126.05	762 389.95

主管 张明　　　　审核 王启　　　　制单 鲁明

图 2-25　工资结算汇总表

（16）2019 年 6 月 30 日，财务人员根据上月固定资产折旧额，调整编制本月固定资产折旧计算表（见图 2-27），计提本月固定资产折旧。

（17）2019 年 6 月 30 日，从本市奔腾有限责任公司购入材料 2 000 吨，每吨 40 元，收到增值税发票税额为 13 600 元。签发转账支票一张，付讫。填制转账支票（见图 2-28）。

（18）2019 年 6 月 30 日，开出电汇凭证，支付前欠河北石家庄宏基公司货款 169 560 元，对方账号 278830045865669，汇入地点为石家庄农行乐城支行。填制电汇凭证（见图 2-29），编制通用记账凭证。

中国工商银行
支票存根
10200030
37080905

附加信息

出票日期2019年6月30日

收款人：华兴有限责任公司
金　额：¥762 389.95
用　途：备发工资

单位主管：郭玲　　会计：王红

图 2-26　现金支票存根

固定资产折旧计算表

2019 年 6 月 30 日

使用单位部门	上月固定资产折旧额	上月增加固定资产应计提折旧额	上月减少固定资产应计提折旧额	本月应计提折旧额
生产车间	48 520.00	2 000.00	1 500.00	49 020.00
厂　部	15 000.00		800.00	14 200.00
合　计	63 520.00	2 000.00	2 300.00	63 220.00

主管　张明　　审核　王启　　制单　鲁明

图 2-27　固定资产折旧计算表

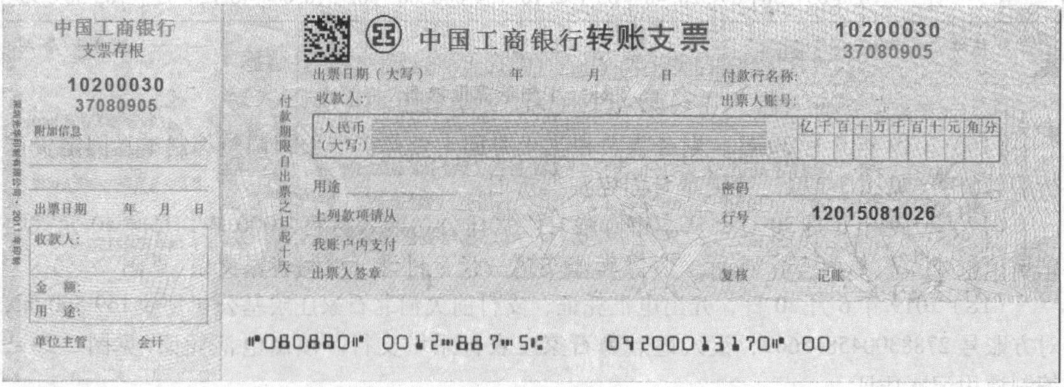

中国工商银行
支票存根
10200030
37080905
附加信息
出票日期　年　月　日
收款人：
金　额：
用　途：
单位主管　会计

中国工商银行转账支票　10200030　37080905
出票日期（大写）　年　月　日　付款行名称：
收款人：　出票人账号：
付款期限自出票之日起十天
人民币（大写）　亿 千 百 十 万 千 百 十 元 角 分
用途　密码
上列款项请从　行号　12015081026
我账户内支付
出票人签章　复核　记账

⑈080880⑈ 0012⑆887⑆5⑆ 092000131170⑈ 00

图 2-28　转账支票

中国工商银行　　　　　　电汇凭证（回单）　　　　　1　简称 A

□普通　□加急　　　　　　委托时间　　年　　月　　日

<table>
<tr><td rowspan="3">汇款人</td><td>全　称</td><td></td><td rowspan="3">收款人</td><td>全　称</td><td></td><td rowspan="6">此联汇出行给汇款人的回单</td></tr>
<tr><td>账　号</td><td></td><td>账　号</td><td></td></tr>
<tr><td>汇出地点</td><td>省　　市/县</td><td>汇入地点</td><td>省　　市/县</td></tr>
<tr><td colspan="2">汇出行名称</td><td></td><td colspan="2">汇入行名称</td><td></td></tr>
<tr><td>金额</td><td colspan="3">人民币（大写）</td><td colspan="2">千 百 十 万 千 百 十 元 角 分</td></tr>
<tr><td colspan="3">汇出行签章：</td><td colspan="3">支付密码 ******
附加信息及用途：
复核：　　记账：</td></tr>
</table>

图 2-29　电汇凭证回单

（19）2019 年 6 月 30 日，财务人员根据库存商品明细账及产品出库单（见图 2-30 和图 2-31）编制主营业务成本计算单（见图 2-32），结转本月已销产品成本。

产品出库单

凭证编号　22036

用途：销售　　　　2019 年 6 月 30 日　　　　产成品库　二号库

类　别	编　号	名称及规格	计量单位	数　量	单位成本	总成本	附加
	1101	FUD 产品	件	100	2 600	260 000	
合　计			件	100	2 600	260 000	

记账　　保管　白燕　　检验　　制单　陈俊

图 2-30　产品出库单（FUD 产品）

产品出库单

凭证编号　22037

用途：销售　　　　2019 年 6 月 30 日　　　　产成品库　二号库

类　别	编　号	名称及规格	计量单位	数　量	单位成本	总成本	附加
	1102	EWB 产品	件	200	1 080	216 000	
合　计			件	200	1 080	216 000	

记账　　保管　白燕　　检验　　制单　陈俊

图 2-31　产品出库单（EWB 产品）

主营业务成本计算单

2019 年 6 月 30 日

产品名称	期初结存			本期完工入库			本期销售		
	数量	单位成本	总成本	数量	单位成本	总成本	数量	单位成本	总成本
FUD 产品	50	2 600	130 000	125	2 600	325 000	100	2 600	260 000
EWB 产品	120	1 080	129 600	184	1 080	198 720	200	1 080	216 000

主管 张明　　审核 王启　　制单 鲁明

图 2-32　主营业务成本计算单

(20) 2019 年 6 月 30 日，财务人员根据应交增值税、应交消费税明细账及应缴纳的税费合计数，按税收的有关规定编制城市维护建设税和教育费附加计算表(见图 2-32)，计算本月应交城市维护建设税和教育费附加。

城市维护建设税和教育费附加计算表

2019 年 6 月 30 日

项　目	城市维护建设税			教育费附加		
	计 税 额	计提比例	提 取 额	计 税 额	计提比例	提 取 额
增值税	82 134	7%	5 749. 3	82 134	3%	2 464. 02
消费税	—	—	—	—	—	—
合计	82 134	7%	5 749. 38	82 134	3%	2 464. 02

主管 张明　　审核 王启　　制单 鲁明

图 2-32　城市维护建设税和教育费附加计算表

记 账 凭 证

年 月 日 记字第 号

摘要	总账科目	明细科目	√	借方金额										√	贷方金额								
				千	百	十	万	千	百	十	元	角	分		千	百	十	万	千	百	十	元	角	分
合计																							

附单据 张

财务主管 记账 出纳 审核 制单

记 账 凭 证

年 月 日 记字第 号

摘要	总账科目	明细科目	√	借方金额										√	贷方金额								
				千	百	十	万	千	百	十	元	角	分		千	百	十	万	千	百	十	元	角	分
合计																							

附单据 张

财务主管 记账 出纳 审核 制单

记 账 凭 证

年 月 日 记字第 号

摘要	总账科目	明细科目	√	借方金额										√	贷方金额								
				千	百	十	万	千	百	十	元	角	分		千	百	十	万	千	百	十	元	角	分
合计																							

附单据 张

财务主管 记账 出纳 审核 制单

记 账 凭 证

年　月　日　　　　　　　　　　记字第　　号

摘要	总账科目	明细科目	√	借方金额										√	贷方金额								
				千	百	十	万	千	百	十	元	角	分		千	百	十	万	千	百	十	元	角	分
合计																								

附单据　张

财务主管　　记账　　出纳　　审核　　制单

记 账 凭 证

年　月　日　　　　　　　　　　记字第　　号

摘要	总账科目	明细科目	√	借方金额										√	贷方金额								
				千	百	十	万	千	百	十	元	角	分		千	百	十	万	千	百	十	元	角	分
合计																								

附单据　张

财务主管　　记账　　出纳　　审核　　制单

记 账 凭 证

年　月　日　　　　　　　　　　记字第　　号

摘要	总账科目	明细科目	√	借方金额										√	贷方金额								
				千	百	十	万	千	百	十	元	角	分		千	百	十	万	千	百	十	元	角	分
合计																								

附单据　张

财务主管　　记账　　出纳　　审核　　制单

记 账 凭 证

年 月 日 记字第 号

摘 要	总账科目	明细科目	√	借方金额										√	贷方金额								
				千	百	十	万	千	百	十	元	角	分		千	百	十	万	千	百	十	元	角	分
合 计																								

附单据 张

财务主管 记账 出纳 审核 制单

记 账 凭 证

年 月 日 记字第 号

摘 要	总账科目	明细科目	√	借方金额										√	贷方金额								
				千	百	十	万	千	百	十	元	角	分		千	百	十	万	千	百	十	元	角	分
合 计																								

附单据 张

财务主管 记账 出纳 审核 制单

记 账 凭 证

年 月 日 记字第 号

摘 要	总账科目	明细科目	√	借方金额										√	贷方金额								
				千	百	十	万	千	百	十	元	角	分		千	百	十	万	千	百	十	元	角	分
合 计																								

附单据 张

财务主管 记账 出纳 审核 制单

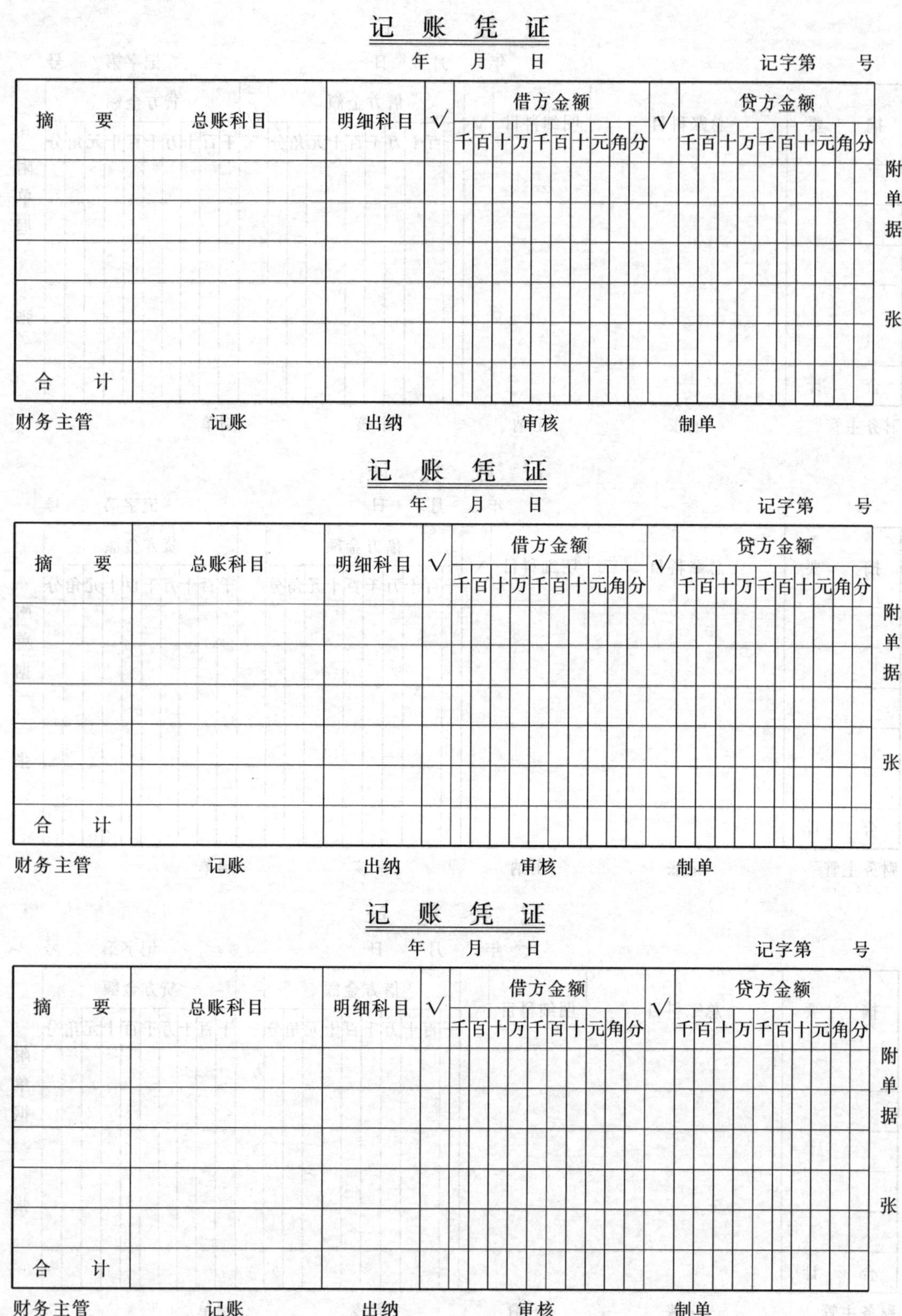

记 账 凭 证

年 月 日 记字第 号

摘 要	总账科目	明细科目	√	借方金额										√	贷方金额									
				千	百	十	万	千	百	十	元	角	分		千	百	十	万	千	百	十	元	角	分
合 计																								

附单据 张

财务主管 记账 出纳 审核 制单

记 账 凭 证

年 月 日 记字第 号

摘 要	总账科目	明细科目	√	借方金额										√	贷方金额									
				千	百	十	万	千	百	十	元	角	分		千	百	十	万	千	百	十	元	角	分
合 计																								

附单据 张

财务主管 记账 出纳 审核 制单

记 账 凭 证

年 月 日 记字第 号

摘 要	总账科目	明细科目	√	借方金额										√	贷方金额									
				千	百	十	万	千	百	十	元	角	分		千	百	十	万	千	百	十	元	角	分
合 计																								

附单据 张

财务主管 记账 出纳 审核 制单

记 账 凭 证

年　月　日　　　　记字第　号

摘　要	总账科目	明细科目	√	借方金额										√	贷方金额									
				千	百	十	万	千	百	十	元	角	分		千	百	十	万	千	百	十	元	角	分
合　计																								

附单据　张

财务主管　记账　出纳　审核　制单

记 账 凭 证

年　月　日　　　　记字第　号

摘　要	总账科目	明细科目	√	借方金额										√	贷方金额									
				千	百	十	万	千	百	十	元	角	分		千	百	十	万	千	百	十	元	角	分
合　计																								

附单据　张

财务主管　记账　出纳　审核　制单

记 账 凭 证

年　月　日　　　　记字第　号

摘　要	总账科目	明细科目	√	借方金额										√	贷方金额									
				千	百	十	万	千	百	十	元	角	分		千	百	十	万	千	百	十	元	角	分
合　计																								

附单据　张

财务主管　记账　出纳　审核　制单

记账凭证

年 月 日 记字第 号

摘要	总账科目	明细科目	√	借方金额										√	贷方金额								
				千	百	十	万	千	百	十	元	角	分		千	百	十	万	千	百	十	元	角	分
合计																								

附单据 张

财务主管 记账 出纳 审核 制单

记账凭证

年 月 日 记字第 号

摘要	总账科目	明细科目	√	借方金额										√	贷方金额								
				千	百	十	万	千	百	十	元	角	分		千	百	十	万	千	百	十	元	角	分
合计																								

附单据 张

财务主管 记账 出纳 审核 制单

记账凭证

年 月 日 记字第 号

摘要	总账科目	明细科目	√	借方金额										√	贷方金额								
				千	百	十	万	千	百	十	元	角	分		千	百	十	万	千	百	十	元	角	分
合计																								

附单据 张

财务主管 记账 出纳 审核 制单

记 账 凭 证

年 月 日 记字第 号

摘 要	总账科目	明细科目	√	借方金额										√	贷方金额									
				千	百	十	万	千	百	十	元	角	分		千	百	十	万	千	百	十	元	角	分
合 计																								

附单据 张

财务主管 记账 出纳 审核 制单

记 账 凭 证

年 月 日 记字第 号

摘 要	总账科目	明细科目	√	借方金额										√	贷方金额									
				千	百	十	万	千	百	十	元	角	分		千	百	十	万	千	百	十	元	角	分
合 计																								

附单据 张

财务主管 记账 出纳 审核 制单

记 账 凭 证

年 月 日 记字第 号

摘 要	总账科目	明细科目	√	借方金额										√	贷方金额									
				千	百	十	万	千	百	十	元	角	分		千	百	十	万	千	百	十	元	角	分
合 计																								

附单据 张

财务主管 记账 出纳 审核 制单

记 账 凭 证

年 月 日 记字第 号

摘 要	总账科目	明细科目	√	借方金额										√	贷方金额									
				千	百	十	万	千	百	十	元	角	分		千	百	十	万	千	百	十	元	角	分
合 计																								

附单据 张

财务主管 记账 出纳 审核 制单

记 账 凭 证

年 月 日 记字第 号

摘 要	总账科目	明细科目	√	借方金额										√	贷方金额									
				千	百	十	万	千	百	十	元	角	分		千	百	十	万	千	百	十	元	角	分
合 计																								

附单据 张

财务主管 记账 出纳 审核 制单

记 账 凭 证

年 月 日 记字第 号

摘 要	总账科目	明细科目	√	借方金额										√	贷方金额									
				千	百	十	万	千	百	十	元	角	分		千	百	十	万	千	百	十	元	角	分
合 计																								

附单据 张

财务主管 记账 出纳 审核 制单

实训三 科目汇总表的编制

>>> 实训目的

科目汇总表又称记账凭证汇总表，是科目汇总表核算方式的必经程序。通过本实训，使学生进一步理解“有借必有贷，借贷必相等”的记账规则，掌握本期发生额试算平衡的方法，从而更深刻地理解并掌握借贷记账法的内容。

>>> 实训要求

1. 对实训二中的实训资料进行逐笔审核，以保证汇总资料的正确性。

2. 根据所编制的记账凭证开设 T 形账户，并把经济业务逐笔过入 T 形账户中，结出各账户的借贷方发生额。

3. 把 T 形账户的借贷方发生额过入科目汇总表中，进行试算平衡，使借方发生额等于贷方发生额。

一、实训设计

(1) 完成全部业务后集中一次汇总，全月一次编制科目汇总表。

(2) 进行试算平衡，检查全部科目借方发生额和贷方发生额是否相等。

二、实训资料

根据实训二的实训资料进行试算平衡和科目汇总表的编制。

科目汇总表

汇字第　　号

年　　月　　日至　　日　　记账凭证：第　　号至第　　号

借方发生额	会计科目	贷方发生额

科目汇总表

汇字第　　号

年　　月　　日至　　日　　记账凭证：第　　号至第　　号

借方发生额	会计科目	贷方发生额

科目汇总表

汇字第　　号

年　　月　　日至　　日　　记账凭证：第　　号至第　　号

借方发生额	会计科目	贷方发生额

2019 年 12 月，华兴有限责任公司发生以下经济业务。

(1) 1 日，收到银行通知，用银行存款支付到期的商业承兑汇票 50 000 元。

(2) 2 日，购入原材料一批，收到的增值税专用发票上注明的原材料价款为 40 000 元，增值税进项税额为 6 400 元，款项已通过银行转账支付，材料已验收入库。

(3) 3 日，销售产品一批，开出的增值税专用发票上注明的销售价款为 300 000 元，增值税销项税额为 48 000 元，货款尚未收到。该批产品实际成本为 180 000 元，产品已发出。

(4) 4 日，购入不需安装的设备一台，收到的增值税专用发票上注明的设备价款为 85 400 元，增值税进项税额为 13 664 元，支付包装费、运费 1 000 元，相关增值税 100 元。价款及包装费、运费均以银行存款支付。设备已交付使用。

(5) 5 日，从银行借入 3 年期借款 1 000 000 元，借款已存入银行账户。

(6) 6 日，收到应收账款 110 000 元，存入银行。

(7) 7 日，用银行存款支付产品展览费 100 000 元，增值税 60 000 元。

(8) 8 日，销售材料一批，开出的增值税专用发票上注明的销售价款为 60 000 元，增值税销项税额为 9 600 元，款项已存入银行。销售材料的实际成本为 42 000 元。

(9) 20 日，从银行支付上月工资 500 000 元。

(10) 31 日，分配应支付的职工工资 500 000 元，其中，生产工人薪酬 275 000 元，车间管理人员薪酬 10 000 元，行政管理部门人员薪酬 15 000 元，在建工程应负担的工资 200 000 元。

(11) 31 日，计提固定资产折旧 400 000 元，其中计入制造费用 180 000 元、管理费用 220 000 元。

(12) 公司本期产品销售应缴纳的教育费附加为 2 000 元。

(13) 用银行存款缴纳本期增值税 6 850 元，教育费附加 2 000 元。

根据上述经济业务编制通用记账凭证，根据记账凭证编制科目汇总表。

记 账 凭 证

年 月 日　　　　记字第 号

摘要	总账科目	明细科目	√	借方金额										√	贷方金额									
				千	百	十	万	千	百	十	元	角	分		千	百	十	万	千	百	十	元	角	分
合计																								

附单据 张

财务主管　　记账　　出纳　　审核　　制单

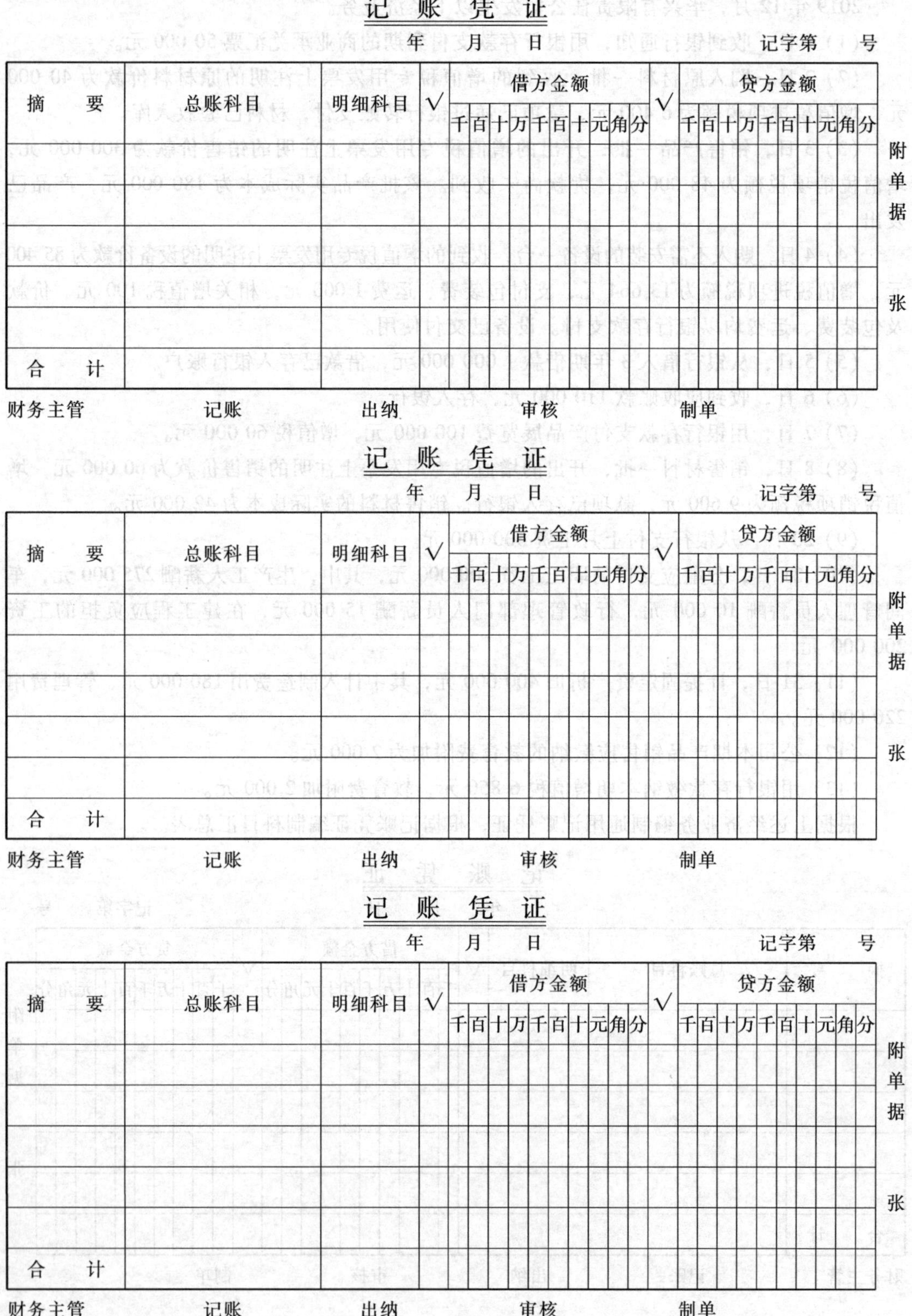

记 账 凭 证

年　月　日　　　　记字第　　号

摘要	总账科目	明细科目	√	借方金额										√	贷方金额									
				千	百	十	万	千	百	十	元	角	分		千	百	十	万	千	百	十	元	角	分
合计																								

附单据　　张

财务主管　　记账　　出纳　　审核　　制单

记 账 凭 证

年　月　日　　　　记字第　　号

摘要	总账科目	明细科目	√	借方金额										√	贷方金额									
				千	百	十	万	千	百	十	元	角	分		千	百	十	万	千	百	十	元	角	分
合计																								

附单据　　张

财务主管　　记账　　出纳　　审核　　制单

记 账 凭 证

年　月　日　　　　记字第　　号

摘要	总账科目	明细科目	√	借方金额										√	贷方金额									
				千	百	十	万	千	百	十	元	角	分		千	百	十	万	千	百	十	元	角	分
合计																								

附单据　　张

财务主管　　记账　　出纳　　审核　　制单

记 账 凭 证

年 月 日 记字第 号

摘要	总账科目	明细科目	√	借方金额										√	贷方金额									
				千	百	十	万	千	百	十	元	角	分		千	百	十	万	千	百	十	元	角	分
合计																								

附单据 张

财务主管 记账 出纳 审核 制单

记 账 凭 证

年 月 日 记字第 号

摘要	总账科目	明细科目	√	借方金额										√	贷方金额									
				千	百	十	万	千	百	十	元	角	分		千	百	十	万	千	百	十	元	角	分
合计																								

附单据 张

财务主管 记账 出纳 审核 制单

记 账 凭 证

年 月 日 记字第 号

摘要	总账科目	明细科目	√	借方金额										√	贷方金额									
				千	百	十	万	千	百	十	元	角	分		千	百	十	万	千	百	十	元	角	分
合计																								

附单据 张

财务主管 记账 出纳 审核 制单

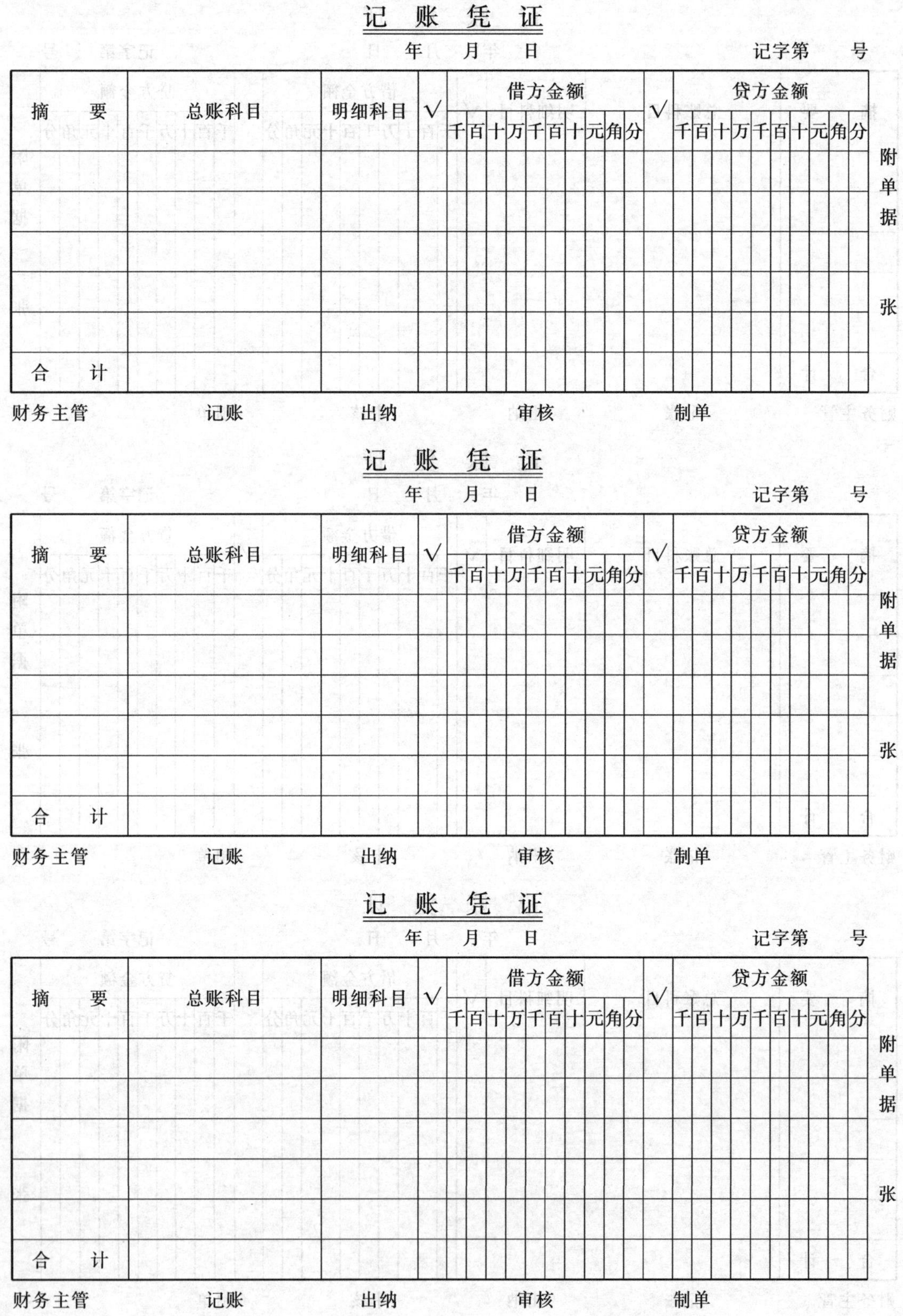

记 账 凭 证

年 月 日　　　　记字第 号

摘要	总账科目	明细科目	√	借方金额										√	贷方金额									
				千	百	十	万	千	百	十	元	角	分		千	百	十	万	千	百	十	元	角	分
合计																								

附单据 张

财务主管　　记账　　出纳　　审核　　制单

记 账 凭 证

年 月 日　　　　记字第 号

摘要	总账科目	明细科目	√	借方金额										√	贷方金额									
				千	百	十	万	千	百	十	元	角	分		千	百	十	万	千	百	十	元	角	分
合计																								

附单据 张

财务主管　　记账　　出纳　　审核　　制单

记 账 凭 证

年 月 日　　　　记字第 号

摘要	总账科目	明细科目	√	借方金额										√	贷方金额									
				千	百	十	万	千	百	十	元	角	分		千	百	十	万	千	百	十	元	角	分
合计																								

附单据 张

财务主管　　记账　　出纳　　审核　　制单

记账凭证

年 月 日 记字第 号

摘要	总账科目	明细科目	√	借方金额										√	贷方金额									
				千	百	十	万	千	百	十	元	角	分		千	百	十	万	千	百	十	元	角	分
合计																								

附单据 张

财务主管 记账 出纳 审核 制单

记账凭证

年 月 日 记字第 号

摘要	总账科目	明细科目	√	借方金额										√	贷方金额									
				千	百	十	万	千	百	十	元	角	分		千	百	十	万	千	百	十	元	角	分
合计																								

附单据 张

财务主管 记账 出纳 审核 制单

记账凭证

年 月 日 记字第 号

摘要	总账科目	明细科目	√	借方金额										√	贷方金额									
				千	百	十	万	千	百	十	元	角	分		千	百	十	万	千	百	十	元	角	分
合计																								

附单据 张

财务主管 记账 出纳 审核 制单

记 账 凭 证

年 月 日 记字第 号

摘 要	总账科目	明细科目	√	借方金额										√	贷方金额								
				千	百	十	万	千	百	十	元	角	分		千	百	十	万	千	百	十	元	角	分
合 计																								

附单据 张

财务主管 记账 出纳 审核 制单

记 账 凭 证

年 月 日 记字第 号

摘 要	总账科目	明细科目	√	借方金额										√	贷方金额								
				千	百	十	万	千	百	十	元	角	分		千	百	十	万	千	百	十	元	角	分
合 计																								

附单据 张

财务主管 记账 出纳 审核 制单

记 账 凭 证

年 月 日 记字第 号

摘 要	总账科目	明细科目	√	借方金额										√	贷方金额								
				千	百	十	万	千	百	十	元	角	分		千	百	十	万	千	百	十	元	角	分
合 计																								

附单据 张

财务主管 记账 出纳 审核 制单

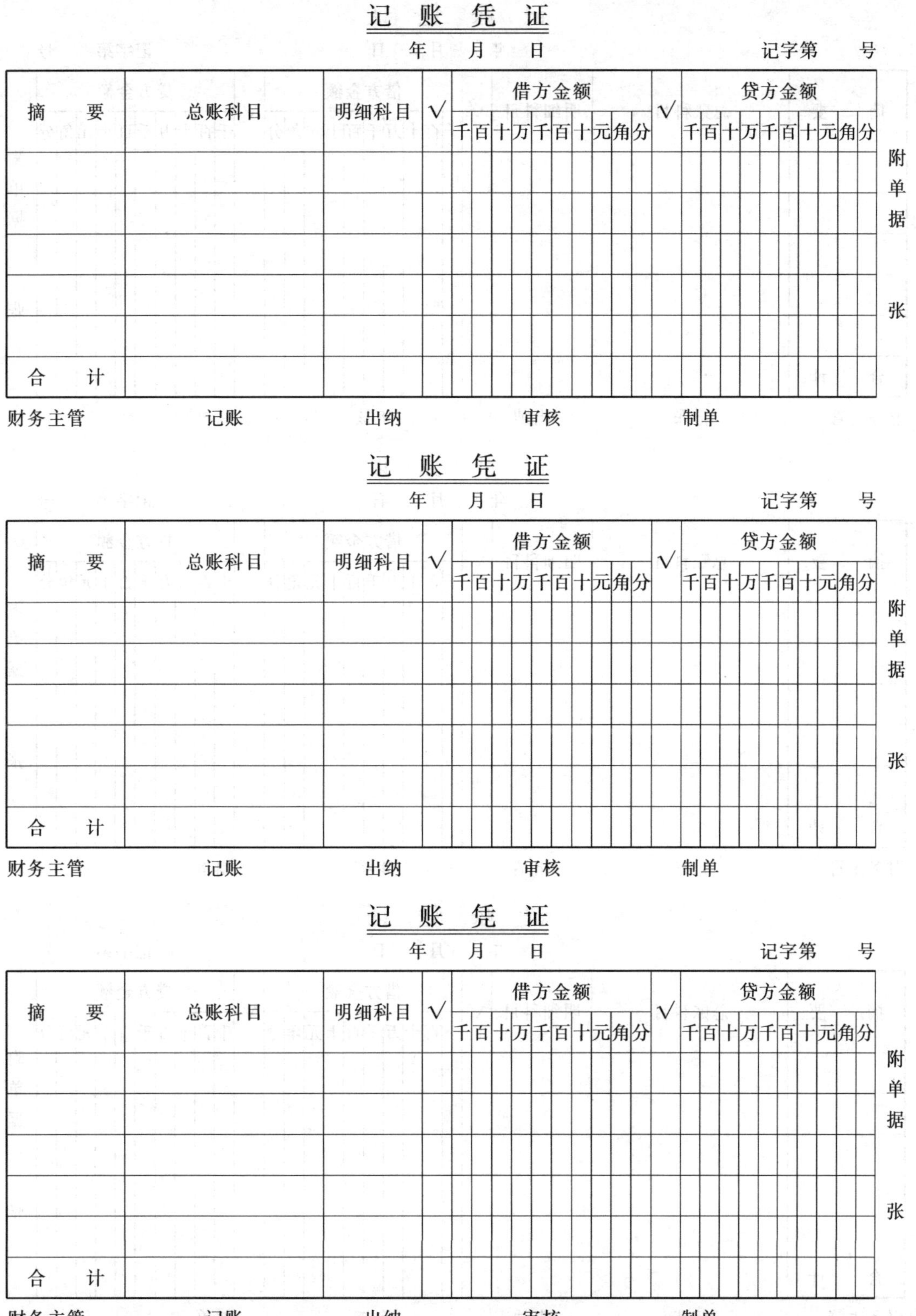

记 账 凭 证

年 月 日　　　　记字第 号

摘 要	总账科目	明细科目	√	借方金额										√	贷方金额								
				千	百	十	万	千	百	十	元	角	分		千	百	十	万	千	百	十	元	角	分
合 计																								

附单据 张

财务主管　　记账　　出纳　　审核　　制单

记 账 凭 证

年 月 日　　　　记字第 号

摘 要	总账科目	明细科目	√	借方金额										√	贷方金额								
				千	百	十	万	千	百	十	元	角	分		千	百	十	万	千	百	十	元	角	分
合 计																								

附单据 张

财务主管　　记账　　出纳　　审核　　制单

记 账 凭 证

年 月 日　　　　记字第 号

摘 要	总账科目	明细科目	√	借方金额										√	贷方金额								
				千	百	十	万	千	百	十	元	角	分		千	百	十	万	千	百	十	元	角	分
合 计																								

附单据 张

财务主管　　记账　　出纳　　审核　　制单

记 账 凭 证

年　月　日　　　　记字第　号

摘 要	总账科目	明细科目	√	借方金额										√	贷方金额									
				千	百	十	万	千	百	十	元	角	分		千	百	十	万	千	百	十	元	角	分
合 计																								

附单据　张

财务主管　　记账　　出纳　　审核　　制单

记 账 凭 证

年　月　日　　　　记字第　号

摘 要	总账科目	明细科目	√	借方金额										√	贷方金额									
				千	百	十	万	千	百	十	元	角	分		千	百	十	万	千	百	十	元	角	分
合 计																								

附单据　张

财务主管　　记账　　出纳　　审核　　制单

记 账 凭 证

年　月　日　　　　记字第　号

摘 要	总账科目	明细科目	√	借方金额										√	贷方金额									
				千	百	十	万	千	百	十	元	角	分		千	百	十	万	千	百	十	元	角	分
合 计																								

附单据　张

财务主管　　记账　　出纳　　审核　　制单

科目汇总表

汇字第　　号

年　　月　　日至　　日　　记账凭证：第　　号至第　　号

借方发生额	会计科目	贷方发生额

科目汇总表

汇字第　　号

年　月　日至　日　　记账凭证：第　　号至第　　号

借方发生额	会计科目	贷方发生额

实训四 日记账的登记

>>> 实训目的

通过本实训，使学生掌握日记账的登记方法，明确日记账就是出纳人员根据收款凭证、付款凭证，按经济业务发生时间的先后顺序，逐日逐笔进行登记的账簿。日记账一般采用三栏式订本账簿。每日终了，应分别计算收入和付出的合计数并结出余额，做到日清。月终同样要计算日记账收、付和结存的合计数，通常称为月结。通过练习现金日记账、银行存款日记账的登记，加深对理论知识的理解。

>>> 实训要求

1. 要求学生审核收款凭证、付款凭证。
2. 全面、详细地掌握经济业务的内容。
3. 掌握账簿登记的规则。
4. 根据审核无误的记账凭证登记现金日记账和银行存款日记账。

一、实训设计

(1) 学生在登记日记账前应掌握有关日记账的记账规则，掌握登记日记账的基本要求。

(2) 在全面了解各种经济业务的基础上登记日记账。

(3) 本实训需三栏式账页 2 张。分别开设现金日记账和银行存款日记账，并将月初余额过到新开设的日记账中。

二、实训资料

2019 年 7 月 31 日，华兴有限责任公司银行存款日记账余额为 300 000 元，现金日记账余额为 3 000 元。该企业 8 月 1—15 日发生的有关经济业务及记账凭证如下。

(1) 8 月 1 日，以现金 1 000 元存入银行。(现付字第 1 号)

付 款 凭 证

贷方科目：库存现金　　　　2019 年 8 月 1 日　　　　现付 字 第 1 号

摘要	借方科目		金额											记账符号
	总账科目	明细科目	亿	仟	佰	拾	万	仟	佰	拾	元	角	分	
将现金存入银行	银行存款	工行存款						1	0	0	0	0	0	
附单据 壹 张	合计						¥	1	0	0	0	0	0	

会计主管 郭玲　　记账 王红　　稽核 李锋　　制单 张三　　出纳 刘敏

(2) 8 月 1 日，以银行存款 10 000 元归还短期借款。(银付字第 1 号)

付 款 凭 证

贷方科目：银行存款　　　　2019 年 8 月 1 日　　　　银付 字 第 1 号

摘要	借方科目		金额											记账符号
	总账科目	明细科目	亿	仟	佰	拾	万	仟	佰	拾	元	角	分	
归还短期借款	短期借款						1	0	0	0	0	0	0	
附单据 贰 张	合计					¥	1	0	0	0	0	0	0	

会计主管 郭玲　　记账 王红　　稽核 李锋　　制单 张三　　出纳 刘敏

(3) 8 月 2 日，以银行存款 20 000 元偿还前欠飞达公司的应付账款。(银付第 2 号)

付 款 凭 证

贷方科目：银行存款　　　　2019 年 8 月 2 日　　　　银付 字 第 2 号

摘 要	借方科目		金额											记账符号
	总账科目	明细科目	亿	仟	佰	拾	万	仟	佰	拾	元	角	分	
以银行存款偿还应付款	应付账款	飞达公司					2	0	0	0	0	0	0	
附单据 贰 张	合 计					¥	2	0	0	0	0	0	0	

会计主管 郭玲　　记账 王红　　稽核 李锋　　制单 张三　　出纳 刘敏

(4) 8 月 2 日，收到甲投资者投入企业的股款 120 000 元存入银行。(银收字第 1 号)

收 款 凭 证

借方科目：银行存款　　　　2019 年 8 月 2 日　　　　银收 字 第 1 号

摘 要	贷方科目		金额											记账符号
	总账科目	明细科目	亿	仟	佰	拾	万	仟	佰	拾	元	角	分	
收到甲投资者投入企业的股款	实收资本	甲投资者				1	2	0	0	0	0	0	0	
附单据 贰 张	合 计				¥	1	2	0	0	0	0	0	0	

会计主管 郭玲　　记账 王红　　稽核 李锋　　制单 张三　　出纳 刘敏

（5）8 月 3 日，用现金暂付职工王红差旅费 1 200 元。（现付字第 2 号）

付 款 凭 证

贷方科目：库存现金　　2019 年 8 月 3 日　　现付 字 第 2 号

摘要	借方科目		金额											记账符号
	总账科目	明细科目	亿	仟	佰	拾	万	仟	佰	拾	元	角	分	
用现金暂付职工王红差旅费	其他应收款	王红						1	2	0	0	0	0	
附单据 贰 张	合计						¥	1	2	0	0	0	0	

会计主管 郭玲　　记账 王红　　稽核 李锋　　制单 张三　　出纳 刘敏

（6）8 月 3 日，从银行提取现金 1 000 元备用。（银付字第 3 号）

付 款 凭 证

贷方科目：银行存款　　2019 年 8 月 3 日　　银付 字 第 3 号

摘要	借方科目		金额											记账符号
	总账科目	明细科目	亿	仟	佰	拾	万	仟	佰	拾	元	角	分	
提取现金备用	库存现金							1	0	0	0	0	0	
附单据 贰 张	合计						¥	1	0	0	0	0	0	

会计主管 郭玲　　记账 王红　　稽核 李锋　　制单 张三　　出纳 刘敏

（7）8 月 4 日，职工王红报销差旅费 1 000 元，余款退回。（现收字第 1 号、转字第 1 号）

收 款 凭 证

借方科目：库存现金　　　　2019 年 8 月 2 日　　　　现收 字 第 1 号

摘　要	贷方科目		金　额											记账符号
	总账科目	明细科目	亿	仟	佰	拾	万	仟	佰	拾	元	角	分	
职工王红报销差旅费 1 000 元，余款退回	其他应收款	王红							2	0	0	0	0	
附单据 贰 张	合　计							¥	2	0	0	0	0	

会计主管 郭玲　　记账 王红　　稽核 李锋　　制单 张三　　出纳 刘敏

转 账 凭 证

2019 年 8 月 2 日　　　　转 字 第 1 号

摘　要	借方科目		贷方科目		金　额											记账符号
	总账科目	明细科目	总账科目	明细科目	亿	仟	佰	拾	万	仟	佰	拾	元	角	分	
职工王红报销差旅费	管理费用	差旅费	其他应收款	王红						1	0	0	0	0	0	
附单据 叁 张	合　计								¥	1	0	0	0	0	0	

会计主管 郭玲　　记账 王红　　稽核 李锋　　制单 张三　　出纳 刘敏

（8）8月4日，收到乙公司应收账款30 000元，存入银行。（银收字第2号）

收 款 凭 证

借方科目：银行现金　　　　2019年8月4日　　　　银收　字　第__2__号

摘　要	贷方科目		金　额											记账符号
	总账科目	明细科目	亿	仟	佰	拾	万	仟	佰	拾	元	角	分	
收到应收账款30 000元	应收账款	乙公司					3	0	0	0	0	0	0	
附单据　壹　张	合　计					¥	3	0	0	0	0	0	0	

会计主管　郭玲　　记账　王红　　稽核　李锋　　制单　张三　　出纳　刘敏

（9）8月5日，向华众工厂购入原材料乙材料一批，重量2 000千克，每千克10元，计20 000元。进项增值税税率为16%计3 200元。材料已验收入库，货款以银行存款支付。（银付字第4号）

付 款 凭 证

贷方科目：银行存款　　　　2019年8月5日　　　　银付　字　第__4__号

摘　要	借方科目		金　额											记账符号
	总账科目	明细科目	亿	仟	佰	拾	万	仟	佰	拾	元	角	分	
向华众工厂购入原材料乙材料	原材料	乙材料					2	0	0	0	0	0	0	
	应交税费	应交增值税（进项税额）						3	2	0	0	0	0	
附单据　叁　张	合　计					¥	2	3	2	0	0	0	0	

会计主管　郭玲　　记账　王红　　稽核　李锋　　制单　张三　　出纳　刘敏

（10）8 月 5 日，从银行存款中提取现金 25 000 元，准备用于发放职工工资。（银付字第 5 号）

付 款 凭 证

贷方科目：银行存款　　2019 年 8 月 5 日　　银付 字 第 5 号

摘 要	借方科目		金 额											记账符号
	总账科目	明细科目	亿	仟	佰	拾	万	仟	佰	拾	元	角	分	
从银行存款中提取现金	库存现金						2	5	0	0	0	0	0	
附单据 壹 张	合 计					¥	2	5	0	0	0	0	0	

会计主管 郭玲　　记账 王红　　稽核 李锋　　制单 张三　　出纳 刘敏

（11）8 月 6 日，以现金 25 000 元发放职工工资。（现付字第 3 号）

付 款 凭 证

贷方科目：库存现金　　2019 年 8 月 6 日　　现付 字 第 3 号

摘 要	借方科目		金 额											记账符号
	总账科目	明细科目	亿	仟	佰	拾	万	仟	佰	拾	元	角	分	
以现金 25 000 元发放职工工资	应付职工薪酬						2	5	0	0	0	0	0	
附单据 壹 张	合 计					¥	2	5	0	0	0	0	0	

会计主管 郭玲　　记账 王红　　稽核 李锋　　制单 张三　　出纳 刘敏

（12）8月6日，以现金500元支付销售部门业务费。（现付字第4号）

付 款 凭 证

贷方科目：库存现金　　　　2019年8月6日　　　　现付 字 第 4 号

摘要	借方科目		金额											记账符号
	总账科目	明细科目	亿	仟	佰	拾	万	仟	佰	拾	元	角	分	
以现金500元支付销售部门业务费	销售费用	业务费							5	0	0	0	0	
附单据 壹 张	合计							¥	5	0	0	0	0	

会计主管 郭玲　　记账 王红　　稽核 李锋　　制单 张三　　出纳 刘敏

（13）8月7日，以银行存款支付行政管理部门办公费15 000元。（银付字第6号）

付 款 凭 证

贷方科目：银行存款　　　　2019年8月7日　　　　银付 字 第 6 号

摘要	借方科目		金额											记账符号
	总账科目	明细科目	亿	仟	佰	拾	万	仟	佰	拾	元	角	分	
以银行存款支付行政管理部门办公费15 000元	管理费用	办公费					1	5	0	0	0	0	0	
附单据 贰 张	合计					¥	1	5	0	0	0	0	0	

会计主管 郭玲　　记账 王红　　稽核 李锋　　制单 张三　　出纳 刘敏

（14）8 月 7 日，以银行存款 1 200 元支付报刊订阅费。（银付字第 7 号）

付 款 凭 证

贷方科目：银行存款　　　　2019 年 8 月 7 日　　　　银付 字 第 7 号

摘　要	借方科目		金　额											记账符号
	总账科目	明细科目	亿	仟	佰	拾	万	仟	佰	拾	元	角	分	
以银行存款 1 200 元预付 6 个月书报刊订阅费	管理费用	报刊费						1	2	0	0	0	0	
附单据 贰 张	合　计						¥	1	2	0	0	0	0	

会计主管 郭玲　　记账 王红　　稽核 李锋　　制单 张三　　出纳 刘敏

（15）8 月 8 日，向某工厂出售 A 产品 100 台，每台售价 100 元，计 10 000 元。产品已发出，货款已收到，存入银行。（银收字第 3 号）

收 款 凭 证

借方科目：银行现金　　　　2019 年 8 月 4 日　　　　银收 字 第 3 号

摘　要	贷方科目		金　额											记账符号
	总账科目	明细科目	亿	仟	佰	拾	万	仟	佰	拾	元	角	分	
向某工厂出售 A 产品 100 台	主营业务收入	A 产品					1	0	0	0	0	0	0	
	应收税费	应交增值税（销项税额）						1	7	0	0	0	0	
附单据 叁 张	合　计					¥	1	1	7	0	0	0	0	

会计主管 郭玲　　记账 王红　　稽核 李锋　　制单 张三　　出纳 刘敏

（16）8 月 8 日，计提应由财务费用负担但尚未支付的短期借款利息 800 元。（转字第 2 号）

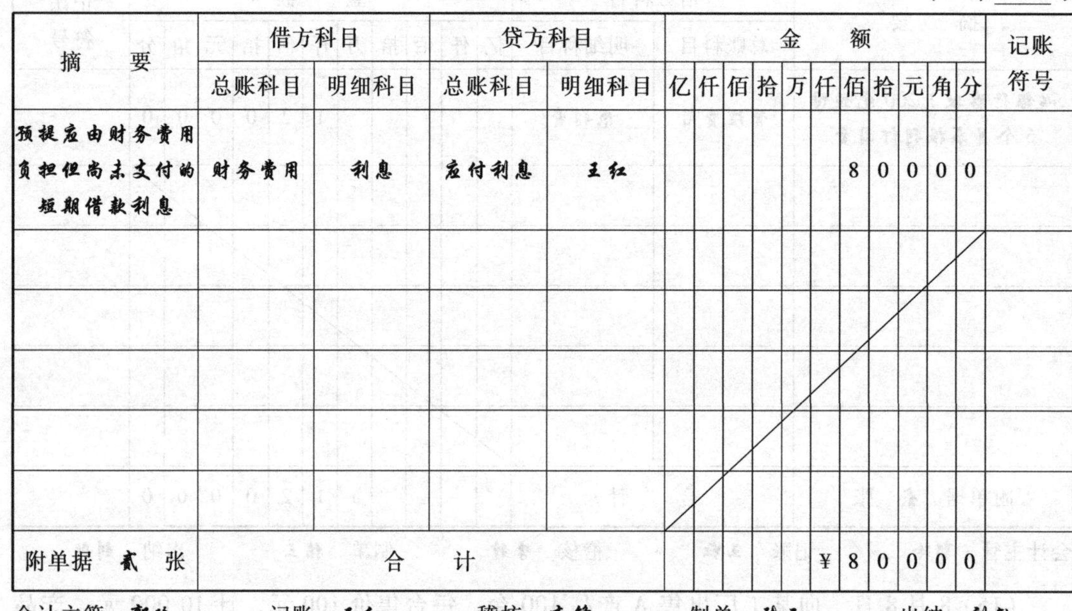

转账凭证

2019 年 8 月 8 日　　　　转 字 第 2 号

摘要	借方科目		贷方科目		金额											记账符号
	总账科目	明细科目	总账科目	明细科目	亿	仟	佰	拾	万	仟	佰	拾	元	角	分	
预提应由财务费用负担但尚未支付的短期借款利息	财务费用	利息	应付利息	王红							8	0	0	0	0	
附单据 贰 张	合 计									¥	8	0	0	0	0	

会计主管 郭玲　　记账 王红　　稽核 李锋　　制单 张三　　出纳 刘敏

（17）8 月 9 日，以现金支付职工张章的医药费 200 元。（现付字第 5 号）

付款凭证

贷方科目：库存现金　　2019 年 8 月 9 日　　现付 字 第 5 号

摘要	借方科目		金额											记账符号
	总账科目	明细科目	亿	仟	佰	拾	万	仟	佰	拾	元	角	分	
以现金支付职工张章的医药费 200 元	应付职工薪酬	职工福利费							2	0	0	0	0	
附单据 贰 张	合 计							¥	2	0	0	0	0	

会计主管 郭玲　　记账 王红　　稽核 李锋　　制单 张三　　出纳 刘敏

(18) 8 月 9 日，收到职工李立违章罚款 300 元，以现金收讫。(现收字第 2 号)

收 款 凭 证

借方科目：库存现金　　　　2019 年 8 月 9 日　　　　现收 字 第 2 号

摘 要	贷方科目		金 额											记账符号
	总账科目	明细科目	亿	仟	佰	拾	万	仟	佰	拾	元	角	分	
收到职工李立违章罚款 300 元	营业外收入	罚款							3	0	0	0	0	
附单据 贰 张	合 计							¥	3	0	0	0	0	

会计主管 郭玲　　记账 王红　　稽核 李锋　　制单 张三　　出纳 刘敏

(19) 8 月 9 日，以银行存款支付自办职工子弟学校经费 3 000 元。(银付字第 8 号)

付 款 凭 证

贷方科目：银行存款　　　　2019 年 8 月 9 日　　　　银付 字 第 8 号

摘 要	借方科目		金 额											记账符号
	总账科目	明细科目	亿	仟	佰	拾	万	仟	佰	拾	元	角	分	
以银行存款支付自办职工子弟学校经费	营业外支出	学校经费						3	0	0	0	0	0	
附单据 贰 张	合 计						¥	3	0	0	0	0	0	

会计主管 郭玲　　记账 王红　　稽核 李锋　　制单 张三　　出纳 刘敏

（20）8 月 10 日，出售材料一批，价值 10 000 元，应交销项增值税税率 16%，计 1 600元。款已收到，存入银行。（银收字第 4 号）

收 款 凭 证

借方科目：银行存款　　　　2019 年 8 月 10 日　　　　银收 字 第 4 号

摘　要	贷方科目		金　额											记账符号
	总账科目	明细科目	亿	仟	佰	拾	万	仟	佰	拾	元	角	分	
出售材料一批，价值 10 000 元	其他业务收入	材料					1	0	0	0	0	0	0	
	应交税费	应交增值税（销项税额）						1	6	0	0	0	0	
附单据 贰 张	合　计					¥	1	1	6	0	0	0	0	

会计主管 郭玲　　记账 王红　　稽核 李锋　　制单 张三　　出纳 刘敏

（21）8 月 10 日，结转出售材料的实际成本 8 000 元。（转字第 3 号）

转 账 凭 证

2019 年 8 月 10 日　　　　转 字 第 3 号

摘　要	借方科目		贷方科目		金　额											记账符号
	总账科目	明细科目	总账科目	明细科目	亿	仟	佰	拾	万	仟	佰	拾	元	角	分	
结转出售材料的实际成本	其他业务成本		原材料							8	0	0	0	0	0	
附单据 张	合　计								¥	8	0	0	0	0	0	

会计主管 郭玲　　记账 王红　　稽核 李锋　　制单 张三　　出纳 刘敏

（22）8 月 11 日，结转 8 月 8 日向某工厂出售 A 产品 100 台的成本。（转字第 4 号）

转 账 凭 证

2019 年 8 月 11 日　　　　转 字 第 4 号

摘　要	借方科目		贷方科目		金　额											记账符号
	总账科目	明细科目	总账科目	明细科目	亿	仟	佰	拾	万	仟	佰	拾	元	角	分	
结转 8 月 8 日向某工厂出售 A 产品 100 台的成本	主营业务成本	A 产品	库存商品	A 产品						8	0	0	0	0	0	
附单据　张	合　计								¥	8	0	0	0	0	0	

会计主管 郭玲　　记账 王红　　稽核 李锋　　制单 张三　　出纳 刘敏

（23）8 月 11 日，因购置生产设备需要向银行借入 10 000 元，借款期限为 2 年。（银收字第 5 号）

收 款 凭 证

借方科目：银行存款　　2019 年 8 月 11 日　　银收 字 第 5 号

摘　要	贷方科目		金　额											记账符号
	总账科目	明细科目	亿	仟	佰	拾	万	仟	佰	拾	元	角	分	
因购置生产设备需要向银行借入 10 000 元	长期借款						1	0	0	0	0	0	0	
附单据 贰 张	合　计					¥	1	0	0	0	0	0	0	

会计主管 郭玲　　记账 王红　　稽核 李锋　　制单 张三　　出纳 刘敏

（24）8月11日，企业以银行存款从二级市场购入面值2 000元的债券10张，不打算长期持有，年利率为5%，无其他费用。（银付字第9号）

付 款 凭 证

贷方科目：银行存款　　2019年8月11日　　银付 字 第 9 号

摘 要	借方科目		金 额											记账符号
	总账科目	明细科目	亿	仟	佰	拾	万	仟	佰	拾	元	角	分	
企业购入面值2 000元的一年期债券10张	交易性金融资产	成本					2	0	0	0	0	0	0	
附单据 贰 张	合 计					¥	2	0	0	0	0	0	0	

会计主管 郭玲　　记账 王红　　稽核 李锋　　制单 张三　　出纳 刘敏

（25）8月12日，以现金1 000元支付职工困难补助。（现付字第6号）

付 款 凭 证

贷方科目：库存现金　　2019年8月12日　　现付 字 第 6 号

摘 要	借方科目		金 额											记账符号
	总账科目	明细科目	亿	仟	佰	拾	万	仟	佰	拾	元	角	分	
以现金支付职工困难补助	应付职工薪酬	职工福利费						1	0	0	0	0	0	
附单据 贰 张	合 计						¥	1	0	0	0	0	0	

会计主管 郭玲　　记账 王红　　稽核 李锋　　制单 张三　　出纳 刘敏

（26）8 月 12 日，应交税费账户应上交的消费税 9 000 元以银行存款付讫。（银付字第 10 号）

付 款 凭 证

贷方科目：库存现金　　　　2019 年 8 月 12 日　　　　银付 字 第 10 号

摘　要	借方科目		金　额											记账符号
	总账科目	明细科目	亿	仟	佰	拾	万	仟	佰	拾	元	角	分	
应交税金账户应上交的消费税 9 000 元以银行存款付讫	应交税费	消费税						9	0	0	0	0	0	
附单据 贰 张	合　计						¥	9	0	0	0	0	0	

会计主管 郭玲　　记账 王红　　稽核 李锋　　制单 张三　　出纳 刘敏

（27）8 月 13 日，以银行存款支付水电费 2 400 元，增值税 240 元，其中车间用 2 000 元，办公室用 400 元。（银付字第 11 号）

付 款 凭 证

贷方科目：银行存款　　　　2019 年 8 月 13 日　　　　银付 字 第 11 号

摘　要	借方科目		金　额											记账符号
	总账科目	明细科目	亿	仟	佰	拾	万	仟	佰	拾	元	角	分	
以银行存款支付水电费 2 400 元	管理费用	水电费							4	0	0	0	0	
	制造费用	水电费						2	0	0	0	0	0	
	应交税费	应交增值税（进项税额）							2	4	0	0	0	
附单据 贰 张	合　计						¥	2	6	4	0	0	0	

会计主管 郭玲　　记账 王红　　稽核 李锋　　制单 张三　　出纳 刘敏

(28) 8 月 13 日，收到外地厂家前欠货款 5 000 元，已收存银行。(银收字第 6 号)

收 款 凭 证

借方科目：银行存款　　　　2019 年 8 月 13 日　　　　银收 字 第 6 号

摘要	贷方科目		金额											记账符号
	总账科目	明细科目	亿	仟	佰	拾	万	仟	佰	拾	元	角	分	
收到外地厂家前欠货款 5 000 元	应收账款	外地厂家						5	0	0	0	0	0	
附单据 贰 张	合计						¥	5	0	0	0	0	0	

会计主管 郭玲　　记账 王红　　稽核 李锋　　制单 张三　　出纳 刘敏

(29) 8 月 14 日，以银行存款支付销售费用 5 400 元(广告费)，增值税 324 元。(银付字第 12 号)

付 款 凭 证

贷方科目：银行存款　　　　2019 年 8 月 14 日　　　　银付 字 第 12 号

摘要	借方科目		金额											记账符号
	总账科目	明细科目	亿	仟	佰	拾	万	仟	佰	拾	元	角	分	
以银行存款支付销售费用 5 400 元	销售费用	广告费						5	4	0	0	0	0	
	应交税费	应交增值税(进项税额)							3	2	4	0	0	
附单据 贰 张	合计						¥	5	7	2	4	0	0	

会计主管 郭玲　　记账 王红　　稽核 李锋　　制单 张三　　出纳 刘敏

（30）8 月 15 日，以现金 848 元支付保险费，包括增值税 48 元。（现付字第 7 号）

付 款 凭 证

贷方科目：银行存款　　2019 年 8 月 14 日　　现付 字 第 12 号

摘要	借方科目		金额											记账符号
	总账科目	明细科目	亿	仟	佰	拾	万	仟	佰	拾	元	角	分	
以现金 800 元支付保险费	管理费用	保险费							8	0	0	0	0	
	应交税费	应交增值税（进项税额）								4	8	0	0	
附单据 贰 张	合计							¥	8	4	8	0	0	

会计主管 郭玲　　记账 王红　　稽核 李锋　　制单 张三　　出纳 刘敏

现金日记账

年		凭证编号	摘要	对方科目编码	借方										√	贷方										√	余额									
月	日				千	百	十	万	千	百	十	元	角	分		千	百	十	万	千	百	十	元	角	分		千	百	十	万	千	百	十	元	角	分

现金日记账

年		凭证编号	摘要	对方科目编码	借方										√	贷方										√	余额									
月	日				千	百	十	万	千	百	十	元	角	分		千	百	十	万	千	百	十	元	角	分		千	百	十	万	千	百	十	元	角	分

银行存款日记账

年		凭证	结算方式		摘要	借方										√	贷方										√	余额									
月	日	编号	类	号码		千	百	十	万	千	百	十	元	角	分		千	百	十	万	千	百	十	元	角	分		千	百	十	万	千	百	十	元	角	分

银行存款日记账

年		凭证编号	结算方式		摘要	借方										√	贷方										√	余额									
月	日		类	号码		千	百	十	万	千	百	十	元	角	分		千	百	十	万	千	百	十	元	角	分		千	百	十	万	千	百	十	元	角	分

实训五 银行存款余额调节表的编制

>>> 实训目的

为了保证企业登记的银行存款日记账与开户银行所登记的金额一致，达到账实相符，不出现误差，企业需要定期编制银行存款余额调节表。实际上，银行存款余额调节表的编制就是将银行存款日记账上的记录与银行对账单上的记录相核对，找出差异、分析原因的对账过程。造成银行存款日记账余额与银行对账单金额不一致的原因有记账错误和未达账项两种。未达账项是企业与银行之间，由于凭证的传递和双方入账时间的不同，出现的一方已入账，另一方由于凭证未达而没有入账的现象。本实训的主要目的就是使学生通过实际操作，掌握银行存款余额调节表的编制方法，编制银行存款余额调节表，调整未达账项，验证账实不符的原因。

>>> 实训要求

银行存款余额调节表的编制是银行存款清查结果的一种处理方式。编制银行存款余额调节表时，应按以下步骤操作。

1. 首先检查本单位银行存款日记账的正确性和完整性。

2. 根据银行送来的对账单与本单位的日记账逐笔核对。

3. 查找出现账实不相符的原因。

4. 如出现账实不相符的原因是由于未达账项造成的，则需要编制银行存款余额调节表。

5. 进一步查找未达账项出现的几种情况。

6. 将未达账项的数据填入银行存款余额调节表。

7. 核对调节后的银行存款日记账余额与银行对账单余额是否相等，如相等则银行存款余额调节表编制完成。

一、实训设计

(1) 将本单位银行存款日记账与银行对账单进行核对。

(2) 在核对不相符的情况下，如是由于未达账项造成的，则需要对未达账项出现的几种情况进行分类。

(3) 分析未达账项出现的原因。任何一项未达账项都会使单位和银行的账簿记录不一致。

(4) 根据查出的未达账项编制银行存款余额调节表。

二、实训资料

根据内蒙古蒙兴有限责任公司 2019 年 8 月银行存款日记账和银行对账单记录，编制银行存款余额调节表。

内蒙古蒙兴有限责任公司银行存款日记账

2019 年		凭证		摘要	借方	贷方	余额
月	日	字	号				
				期初余额			35 000
8	25	银付	36	付购机器款		32 500	
8	26	银付	42	付运费		500	
8	27	银收	46	收销货款	33 600		
8	28	银付	49	付购料款		16 400	
8	30	银付	56	付维修费		200	
8	31	银收	58	收销货款	15 050		34 050

中国工商行呼和浩特分行乌兰察布支行对账单

2019 年		摘要	结算凭证		收入	支出	余额
月	日		种类	号数			
		期初余额					35 000
8	27	收销货款			33 600		
8	28		转支	286 036		32 500	
8	28		转支	286 052		500	
8	28	付水电费				3 300	
8	28	存款利息			310		
8	29	代收货款			8 000		
8	31		付委	336 802		26 800	13 810

内蒙古蒙兴有限责任公司银行存款余额调节表

年　　月　　日　　　　　　　　　　单位：元

项　　目	余　　额	项　　目	余　　额
企业银行存款日记账账面余额		银行对账单余额	
加：企业未入账的收入款项		加：银行未入账的收入款项	
减：企业未入账的支出款项		减：银行未入账的支出款项	
调整后的存款余额		调整后的存款余额	

实训六 明细分类账的登记

>>> 实训目的

明细分类账又称明细账，是根据总分类科目设置，并按其所属二级科目或明细科目开设的账户，用来登记某一类经济业务，提供明细核算资料的分类账簿。账簿按用途可分为分类账簿、序时账簿和备查账簿；按形式可分为三栏式明细账、多栏式明细账和数量金额式明细账。通过本实训，使学生掌握三栏式、多栏式和数量金额式明细账的登记方法。通过账簿的登记练习，进一步巩固账簿的登记方法以及登记账簿的规则，认识明细账在会计核算中的作用。

>>> 实训要求

1. 熟悉所给实训资料，回顾理论课有关明细账登记的内容。
2. 根据所给实训资料登记账簿的期初余额。
3. 根据实训资料按照明细账的登记要求逐笔登记数量金额式明细账、多栏式明细账、三栏式明账。
4. 按要求登记各明细账后，按结账的要求进行月结。

一、实训设计

（1）根据实训资料所给各有关账户的期初余额登记期初余额。
（2）分别登记原材料、库存商品、管理费用、应收账款明细分类账，注意记账规则。
（3）进行月结账。

二、实训资料

（一）数量金额式明细账的填写

某工业企业对存货采用永续盘存制，按实际成本核算，按品种设明细账，发出存货和期末结存存货成本按全月一次加权平均法核算。2019 年 8 月，总分类账户期初余额有关资料如下。

总分类账户期初余额

2019 年 8 月 1 日

科　目	期初余额（借方）			科　目	期初余额（借方）		
	数量/千克	单价/元	金额/元		数量/件	单价/元	金额/元
原材料——甲材料	50	8.10	405.00	库存商品——A 产品	150	20.00	3 000.00
原材料——乙材料	120	10.00	1 200.00	库存商品——B 产品	280	26.00	7 280.00

（1）8 月 2 日，购进甲材料 750 千克，增值税专用发票上标明价格 6 000 元，增值税 960 元，开出商业承兑汇票，期限为 3 个月，材料已入库。

转　账　凭　证

2019 年 8 月 2 日　　转字 2 号　总字 4 号

摘　要	借方科目		贷方科目		金　额											记账符号
	总账科目	明细科目	总账科目	明细科目	亿	仟	佰	拾	万	仟	佰	拾	元	角	分	
购进甲材料	原材料	甲材料	应付票据							6	0	0	0	0	0	
	应交税费	应交增值税（进项税额）	应付票据								9	6	0	0	0	
附单据 叁 张	合　计								¥	6	9	6	0	0	0	

会计主管 郭玲　　记账 王红　　稽核 李锋　　制单 张三　　出纳 刘敏

（2）8 月 10 日，购进乙材料 1 000 千克，增值税专用发票上标明价格 10 000 元，增值税 1 600 元，对方代垫运费 200 元，运费增值税 20 元尚未付款，材料入库。

转 账 凭 证

2019 年 8 月 10 日　　　　转字 3 号 总字 5 号

摘　要	借方科目		贷方科目		金　额											记账符号
	总账科目	明细科目	总账科目	明细科目	亿	仟	佰	拾	万	仟	佰	拾	元	角	分	
购进乙材料	原材料	乙材料	应付账款						1	0	2	0	0	0	0	
	应交税费	应交增值税（进项税额）	应付账款							1	6	2	0	0	0	
附单据 叁 张	合　计							¥	1	1	8	2	0	0	0	

会计主管 郭玲　　记账 王红　　稽核 李锋　　制单 张三　　出纳 刘敏

（3）8 月 16 日，购进甲材料 500 千克，不含税价款 7.80 元/千克，运费 150 元，运费增值税 15 元；购进乙材料 300 千克，不含税价款 11.00 元/千克。增值税税率 16%。取得增值税专用发票。付款转账，材料入库。

付 款 凭 证

贷方科目：银行存款　　2019 年 8 月 16 日　　银付 字 第 2 号 总字 17 号

摘　要	借方科目		金　额											记账符号
	总账科目	明细科目	亿	仟	佰	拾	万	仟	佰	拾	元	角	分	
购进材料	原材料	甲材料						4	0	5	0	0	0	
	原材料	乙材料						3	3	0	0	0	0	
	应交税费	应交增值税（进项税额）						1	1	9	1	0	0	
附单据 叁 张	合　计						¥	8	5	4	1	0	0	

会计主管 郭玲　　记账 王红　　稽核 李锋　　制单 张三　　出纳 刘敏

（4）8 月 25 日，售出不需要的乙材料 60 千克，售价为 900 元，增值税税率为 16%，收到转账支票。材料已发出。

收 款 凭 证

借方科目：银行现金　　　　2019 年 8 月 25 日　　　　收 字 8 号 总字 26 号

摘　要	贷方科目		金　额											记账符号
	总账科目	明细科目	亿	仟	佰	拾	万	仟	佰	拾	元	角	分	
销售材料	其他业务收入								9	0	0	0	0	
	应交税费	应交增值税（销项税额）							1	4	4	0	0	
附单据 贰 张	合　计						¥	1	0	4	4	0	0	

会计主管 郭玲　　记账 王红　　稽核 李锋　　制单 张三　　出纳 刘敏

（5）8 月 31 日，根据“领料单”结转本月发出材料的实际成本。

① 8 月 13 日，基本生产车间生产 A 产品领用甲材料 300 千克、乙材料 460 千克。

② 8 月 18 日，维修领用材料，其中：行政部门领用甲材料 20 千克；车间管理部门领用乙材料 15 千克。

③ 8 月 22 日，基本生产车间生产 B 产品领用甲材料 450 千克、乙材料 600 千克。

④ 8 月 25 日，销售不需用乙材料 60 千克。

要求学生自填凭证。

转 账 凭 证

年　月　日　　　　转字 26 号 总字 29-1/2 号

摘　要	借方科目		贷方科目		金　额											记账符号
	总账科目	明细科目	总账科目	明细科目	亿	仟	佰	拾	万	仟	佰	拾	元	角	分	
附单据 张	合　计															

会计主管 郭玲　　记账 王红　　稽核 李锋　　制单 张三　　出纳 刘敏

转 账 凭 证

年 月 日 转字 26 号 总字 29-2/2 号

摘要	借方科目		贷方科目		金额											记账符号
	总账科目	明细科目	总账科目	明细科目	亿	仟	佰	拾	万	仟	佰	拾	元	角	分	
附单据 张	合计															

会计主管 郭玲 记账 王红 稽核 李锋 制单 张三 出纳 刘敏

(6) 8 月 31 日，结转完工入库产品成本，其中 A 产品数量 1 100 件，B 产品数量 1 500 件，成本分别为 23 320 元和 38 250 元。

转 账 凭 证

2019 年 8 月 31 日 转字 30 号 总字 34 号

摘要	借方科目		贷方科目		金额											记账符号
	总账科目	明细科目	总账科目	明细科目	亿	仟	佰	拾	万	仟	佰	拾	元	角	分	
结转完工产品成本	库存商品	A 产品	生产成本	A 产品					2	3	3	2	0	0	0	
	库存商品	B 产品	生产成本	B 产品					3	8	2	5	0	0	0	
附单据 贰 张	合计							¥	6	1	5	7	0	0	0	

会计主管 郭玲 记账 王红 稽核 李锋 制单 张三 出纳 刘敏

(7) 8 月 31 日，结转已销产品成本，其中 A 产品 850 件，B 产品 1 550 件。要求学生自填凭证。

转 账 凭 证

年 月 日 转字 35 号 总字 40 号

摘要	借方科目		贷方科目		金额											记账符号
	总账科目	明细科目	总账科目	明细科目	亿	仟	佰	拾	万	仟	佰	拾	元	角	分	
附单据 张	合计															

会计主管 郭玲 记账 王红 稽核 李锋 制单 张三 出纳 刘敏

本账页数	
本户页数	

最高储存量________

最低储存量________

编号________ 规格________

明细分类账

单位(　　) 名称________

年		凭证号数	摘要	账页	借方											贷方											借或贷	结存											稽核
					数量	单价	金额									数量	单价	金额										数量	单价	金额									
月	日						百	十	万	千	百	十	元	角	分			百	十	万	千	百	十	元	角	分				百	十	万	千	百	十	元	角	分	

本账页数	
本户页数	

最高储存量__________

最低储存量__________

明细分类账

编号__________ 规格__________ 单位（ ） 名称__________

年		凭证号数	摘要	账页	借方											贷方											借或贷	结存											稽核
月	日				数量	单价	金额									数量	单价	金额										数量	单价	金额									
							百	十	万	千	百	十	元	角	分			百	十	万	千	百	十	元	角	分				百	十	万	千	百	十	元	角	分	

本账页数	
本户页数	

最高储存量＿＿＿＿＿＿

最低储存量＿＿＿＿＿＿

明细分类账

编号＿＿＿＿＿＿ 规格＿＿＿＿＿＿ 单位（ ） 名称＿＿＿＿＿＿

年		凭证号数	摘要	账页	借方											贷方											借或贷	结存											稽核
					数量	单价	金额									数量	单价	金额										数量	单价	金额									
月	日						百	十	万	千	百	十	元	角	分			百	十	万	千	百	十	元	角	分				百	十	万	千	百	十	元	角	分	

最高储存量____________

最低储存量____________

编号____________ 规格____________

明细分类账

本账页数	
本户页数	

单位（　　） 名称____________

年		凭证号数	摘要	账页	借方											贷方											借或贷	结存											稽核
月	日				数量	单价	金额									数量	单价	金额										数量	单价	金额									
							百	十	万	千	百	十	元	角	分			百	十	万	千	百	十	元	角	分				百	十	万	千	百	十	元	角	分	

（二）多栏式明细账的填写

2019 年 2 月，厂部发生的管理费用如下。要求：按部门设明细账，按费用种类分项，期初无余额，填制多栏式明细账，结计本月合计、本年累计。

（1）2 月 5 日，采购员李强报销差旅费 4 200 元，原借款 4 000 元，给付现金 200 元。

转 账 凭 证

2019 年 2 月 5 日　　　　转字 4 号　总字 8-1/2 号

摘　要	借方科目		贷方科目		金　额											记账符号
	总账科目	明细科目	总账科目	明细科目	亿	仟	佰	拾	万	仟	佰	拾	元	角	分	
报销差旅费	管理费用	差旅费	其他应收款	李强						4	0	0	0	0	0	
附单据 壹 张	合　计								¥	4	0	0	0	0	0	

会计主管 郭玲　　记账 王红　　稽核 李锋　　制单 张三　　出纳 刘敏

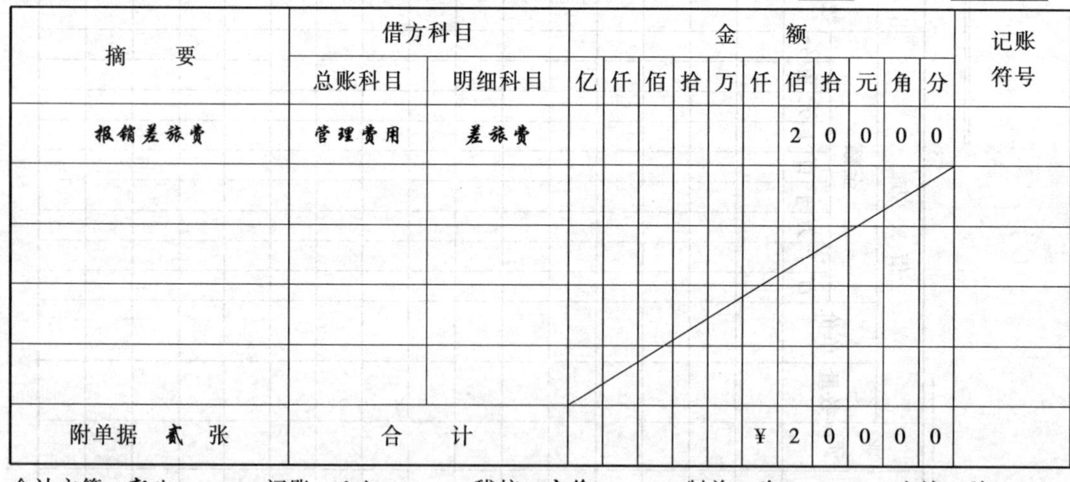

付 款 凭 证

贷方科目：库存现金　　2019 年 2 月 5 日　　现付 字第 2 号　总字 8-2/2 号

摘　要	借方科目		金　额											记账符号
	总账科目	明细科目	亿	仟	佰	拾	万	仟	佰	拾	元	角	分	
报销差旅费	管理费用	差旅费							2	0	0	0	0	
附单据 贰 张	合　计							¥	2	0	0	0	0	

会计主管 郭玲　　记账 王红　　稽核 李锋　　制单 张三　　出纳 刘敏

（2）2 月 15 日，开出现金支票支付办公用品费 650 元。

（3）2 月 20 日，领用一次摊销的低值易耗品（纸张、圆珠笔等）80 元。

（4）2 月 25 日，报销业务招待费 1 500 元，给付现金。

付 款 凭 证

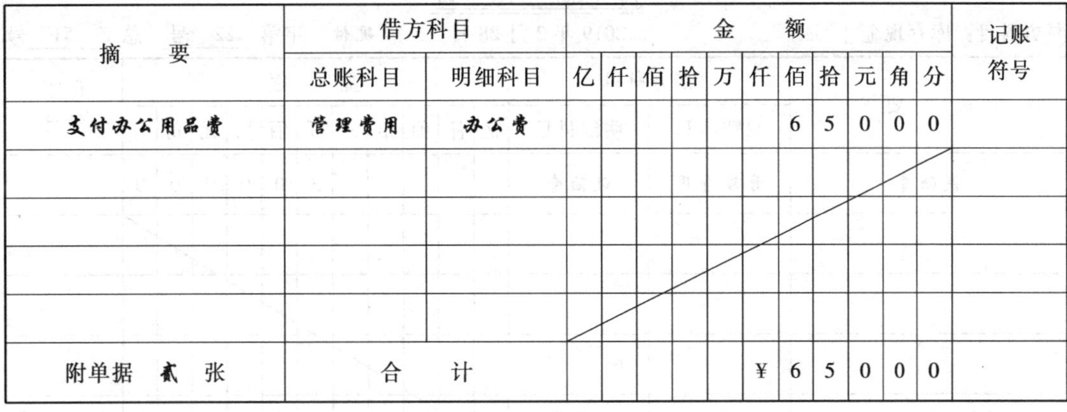

贷方科目：银行存款　　　　2019 年 2 月 15 日　　　　银付 字第 20 号　总字 17 号

摘　要	借方科目		金　额											记账符号
	总账科目	明细科目	亿	仟	佰	拾	万	仟	佰	拾	元	角	分	
支付办公用品费	管理费用	办公费							6	5	0	0	0	
附单据 贰 张	合　计							¥	6	5	0	0	0	

会计主管 郭玲　　记账 王红　　稽核 李锋　　制单 张三　　出纳 刘敏

转 账 凭 证

2019 年 2 月 20 日　　　　转字 30 号　总字 48 号

摘　要	借方科目		贷方科目		金　额											记账符号
	总账科目	明细科目	总账科目	明细科目	亿	仟	佰	拾	万	仟	佰	拾	元	角	分	
低值易耗品摊销	管理费用	低值易耗品摊销	周转材料	低值易耗品								8	0	0	0	
附单据 壹 张	合　计										¥	8	0	0	0	

会计主管 郭玲　　记账 王红　　稽核 李锋　　制单 张三　　出纳 刘敏

付 款 凭 证

贷方科目：库存现金　　　　2019 年 2 月 25 日　　　　现付 字第 22 号　总字 51 号

摘　要	借方科目		金　额											记账符号
	总账科目	明细科目	亿	仟	佰	拾	万	仟	佰	拾	元	角	分	
报销业务招待费	管理费用	业务招待费						1	5	0	0	0	0	
附单据 贰 张	合　计						¥	1	5	0	0	0	0	

会计主管 郭玲　　记账 王红　　稽核 李锋　　制单 张三　　出纳 刘敏

(5) 2月28日，支付本月行政用汽车等的汽油费3 000元。

付 款 凭 证

贷方科目：库存现金　　2019年2月28日　　现付 字第 22 号 总字 51 号

摘要	借方科目		金额											记账符号
	总账科目	明细科目	亿	仟	佰	拾	万	仟	佰	拾	元	角	分	
汽油费	管理费用	汽油费						3	0	0	0	0	0	
附单据 贰 张	合计						¥	3	0	0	0	0	0	

会计主管 郭玲　记账 王红　稽核 李锋　制单 张三　出纳 刘敏

(6) 2月28日，分配工资和福利费分别为50 000元和7 000元。

转 账 凭 证

2019年2月28日　　转字 36 号 总字 56 号

摘要	借方科目		贷方科目		金额											记账符号
	总账科目	明细科目	总账科目	明细科目	亿	仟	佰	拾	万	仟	佰	拾	元	角	分	
分配薪酬	管理费用	工资	应付职工薪酬	工资					5	0	0	0	0	0	0	
	管理费用	福利费	应付职工薪酬	福利费						7	0	0	0	0	0	
附单据 贰 张	合计							¥	5	7	0	0	0	0	0	

会计主管 郭玲　记账 王红　稽核 李锋　制单 张三　出纳 刘敏

(7) 2月28日，计提工会经费1 000元、职工教育经费750元。

(8) 2月28日，计提固定资产折旧费6 300元，其中房屋5 000元、设备300元、其他1 000元。

(9) 2月28日，计算本月应负担的水200元、电费260元，尚未付款。

转 账 凭 证

2019 年 2 月 28 日　　转字 37 号　总字 57 号

摘要	借方科目		贷方科目		金额											记账符号
	总账科目	明细科目	总账科目	明细科目	亿	仟	佰	拾	万	仟	佰	拾	元	角	分	
分配薪酬	管理费用	工会经费	应付职工薪酬	工会经费						1	0	0	0	0	0	
	管理费用	职工教育经费	应付职工薪酬	职工教育经费							7	5	0	0	0	
附单据 贰 张	合计								¥	1	7	5	0	0	0	

会计主管 郭玲　记账 王红　稽核 李锋　制单 张三　出纳 刘敏

转 账 凭 证

2019 年 2 月 28 日　　转字 38 号　总字 58 号

摘要	借方科目		贷方科目		金额											记账符号
	总账科目	明细科目	总账科目	明细科目	亿	仟	佰	拾	万	仟	佰	拾	元	角	分	
计提折旧费	管理费用	折旧费	累计折旧							6	3	0	0	0	0	
附单据 贰 张	合计								¥	6	3	0	0	0	0	

会计主管 郭玲　记账 王红　稽核 李锋　制单 张三　出纳 刘敏

转 账 凭 证

2019 年 2 月 28 日　　转字 39 号　总字 59 号

摘要	借方科目		贷方科目		金额											记账符号
	总账科目	明细科目	总账科目	明细科目	亿	仟	佰	拾	万	仟	佰	拾	元	角	分	
水电费	管理费用	水电费	应付账款								4	6	0	0	0	
附单据 贰 张	合计									¥	4	6	0	0	0	

会计主管 郭玲　记账 王红　稽核 李锋　制单 张三　出纳 刘敏

（10）2月28日，以现金支付电脑维修费280元。

付 款 凭 证

贷方科目：库存现金　　　　2019年2月28日　　　　现付 字第 30 号　总字 60 号

摘　要	借方科目		金　额											记账符号
	总账科目	明细科目	亿	仟	佰	拾	万	仟	佰	拾	元	角	分	
维修费	管理费用	维修费							2	8	0	0	0	
附单据 贰 张	合　计							¥	2	8	0	0	0	

会计主管 郭玲　　记账 王红　　稽核 李锋　　制单 张三　　出纳 刘敏

（11）2月28日，将管理费用的余额转入“本年利润”账户。

转 账 凭 证

2019年2月28日　　　　转字 41 号　总字 60 号

摘　要	借方科目		贷方科目		金　额											记账符号
	总账科目	明细科目	总账科目	明细科目	亿	仟	佰	拾	万	仟	佰	拾	元	角	分	
结转月	本年利润		管理费用						7	5	2	2	0	0	0	
附单据 贰 张	合　计							¥	7	5	2	2	0	0	0	

会计主管 郭玲　　记账 王红　　稽核 李锋　　制单 张三　　出纳 刘敏

本账页数	
本户页数	

明细分类账

科目名称______

<table>
<tr><th colspan="2" rowspan="2">年</th><th rowspan="3">凭证号</th><th rowspan="3">摘　要</th><th colspan="9" rowspan="2">借　方</th><th colspan="9" rowspan="2">贷　方</th><th rowspan="3">借或贷</th><th colspan="9" rowspan="2">余　额</th><th colspan="36">借（ ）方金额分析</th></tr>
<tr><th colspan="9"></th><th colspan="9"></th><th colspan="9"></th><th colspan="9"></th></tr>
<tr><th>月</th><th>日</th><th>百</th><th>十</th><th>万</th><th>千</th><th>百</th><th>十</th><th>元</th><th>角</th><th>分</th><th>百</th><th>十</th><th>万</th><th>千</th><th>百</th><th>十</th><th>元</th><th>角</th><th>分</th><th>百</th><th>十</th><th>万</th><th>千</th><th>百</th><th>十</th><th>元</th><th>角</th><th>分</th><th>百</th><th>十</th><th>万</th><th>千</th><th>百</th><th>十</th><th>元</th><th>角</th><th>分</th><th>百</th><th>十</th><th>万</th><th>千</th><th>百</th><th>十</th><th>元</th><th>角</th><th>分</th><th>百</th><th>十</th><th>万</th><th>千</th><th>百</th><th>十</th><th>元</th><th>角</th><th>分</th><th>百</th><th>十</th><th>万</th><th>千</th><th>百</th><th>十</th><th>元</th><th>角</th><th>分</th></tr>
</table>

（三）三栏式明细账的填写

2019 年 9 月，应收账款资料如下，要求反映过次页、承前页。

（1）9 月 1 日，借方期初余额：应收账款——蓝天公司为 50 000 元。

（2）9 月 3 日，向蓝天公司销售商品，开出增值税专用发票，售价为 180 000 元，增值税为 30 600 元，以现金支票代垫运杂费 2 000 元，合同规定付款期限为一个月。已发货，满足收入确认条件。

转 账 凭 证

2019 年 9 月 3 日　　　　转字 2 号　总字 5-1/2 号

摘要	借方科目		贷方科目		金额											记账符号
	总账科目	明细科目	总账科目	明细科目	亿	仟	佰	拾	万	仟	佰	拾	元	角	分	
销售商品	应收账款	蓝天公司	主营业务收入					1	8	0	0	0	0	0	0	
	应收账款	蓝天公司	应交税费	增值税（销项税）					3	0	6	0	0	0	0	
附单据 贰 张	合　计						¥	2	1	0	6	0	0	0	0	

会计主管 郭玲　　记账 王红　　稽核 李锋　　制单 张三　　出纳 刘敏

付 款 凭 证

贷方科目：银行存款　　2019 年 9 月 3 日　　银付 字第 2 号　总字 5-2/2 号

摘要	借方科目		金额											记账符号
	总账科目	明细科目	亿	仟	佰	拾	万	仟	佰	拾	元	角	分	
垫付运杂费	应收账款	蓝天公司						2	0	0	0	0	0	
附单据 贰 张	合　计						¥	2	0	0	0	0	0	

会计主管 郭玲　　记账 王红　　稽核 李锋　　制单 张三　　出纳 刘敏

(3) 9月18日，接银行通知，蓝天公司已支付上月所欠商品款20 000元。

收 款 凭 证

借方科目：银行存款　　2019年9月18日　　收 字第 18 号 总字 36 号

摘 要	贷方科目		金 额											记账符号
	总账科目	明细科目	亿	仟	佰	拾	万	仟	佰	拾	元	角	分	
收销货款	应收账款	蓝天公司					2	0	0	0	0	0	0	
附单据 贰 张	合 计					¥	2	0	0	0	0	0	0	

会计主管 郭玲　　记账 王红　　稽核 李锋　　制单 张三　　出纳 刘敏

(4) 9月20日，向蓝天公司销售商品，开出增值税专用发票，售价为100 000元，增值税为17 000元，合同规定付款条件为2/10，1/20，*n*/30(含增值税)。已发货，满足收入确认条件。

转 账 凭 证

2019年9月20日　　转字 26 号 总字 38 号

摘 要	借方科目		贷方科目		金 额											记账符号
	总账科目	明细科目	总账科目	明细科目	亿	仟	佰	拾	万	仟	佰	拾	元	角	分	
销售商品	应收账款	蓝天公司	主营业务收入					1	0	0	0	0	0	0	0	
			应交税费	应交增值税(销项税额)					1	7	0	0	0	0	0	
附单据 贰 张	合 计						¥	1	1	7	0	0	0	0	0	

会计主管 郭玲　　记账 王红　　稽核 李锋　　制单 张三　　出纳 刘敏

（5）9月28日，接银行通知，蓝天公司已支付9月20日所购商品款。

收 款 凭 证

借方科目：银行存款　　2019年9月28日　　收 字第 28 号 总字 40-1/2 号

摘要	贷方科目		金额											记账符号
	总账科目	明细科目	亿	仟	佰	拾	万	仟	佰	拾	元	角	分	
收销货款	应收账款	蓝天公司				1	1	4	6	6	0	0	0	
附单据 贰 张	合计				¥	1	1	4	6	6	0	0	0	

会计主管 郭玲　　记账 王红　　稽核 李锋　　制单 张三　　出纳 刘敏

转 账 凭 证

2019年9月20日　　转字 26 号 总字 38 号

摘要	借方科目		贷方科目		金额											记账符号
	总账科目	明细科目	总账科目	明细科目	亿	仟	佰	拾	万	仟	佰	拾	元	角	分	
收销货款	财务费用		应收账款	蓝天公司						2	3	4	0	0	0	
附单据 贰 张	合计								¥	2	3	4	0	0	0	

会计主管 郭玲　　记账 王红　　稽核 李锋　　制单 张三　　出纳 刘敏

本账页数	
本户页数	

明细分类账

科目名称______

年		凭证号数	摘要	对方科目	借方										贷方										借或贷	余额									
月	日				千	百	十	万	千	百	十	元	角	分	千	百	十	万	千	百	十	元	角	分		千	百	十	万	千	百	十	元	角	分

本账页数	
本户页数	

明细分类账

______科目名称______

年		凭证号数	摘　要	对方科目	借　方										贷　方										借或贷	余　额									
月	日				千	百	十	万	千	百	十	元	角	分	千	百	十	万	千	百	十	元	角	分		千	百	十	万	千	百	十	元	角	分

实训七 总分类账的登记与结账

>>> 实训目的

总分类账是根据分类科目开设的账户，用来总括地登记全部经济业务，提供总括核算资料的分类账簿，是编制会计报表的依据。总分类账一般采用三栏式账页、订本式账簿。通过本簿实训，学生应掌握总分类账的登记方法及期末结账的方法，进一步巩固总分类账的内容及登记的要点，通过账簿的登记认识总分类账设置的目的及意义。

>>> 实训要求

1. 熟悉实训资料，回顾有关总分类账登记的要点及要求。

2. 根据实训资料逐项登记现金、固定资产、短期借款、银行存款、主营业务收入的总分类账。

3. 根据结账的要求进行结账。

4. 在登记账簿的过程中注意“摘要”的填写，在结账时注意“月结”“年结”的要求。

一、实训设计

1. 按照核算程序登记总分类账。
2. 按照记账规则登账、结账(本月合计、累计、结转下年)、封账。

二、实训资料

(1)根据实训四中的实训资料，采用记账凭证核算程序登记现金总分类账。

<u>总　分　类　账</u>

会计科目＿＿＿＿＿＿

年		凭证号数	摘要	对方科目	借方										贷方										借或贷	余额									
月	日				千	百	十	万	千	百	十	元	角	分	千	百	十	万	千	百	十	元	角	分		千	百	十	万	千	百	十	元	角	分

(2) 2019 年 9 月末，“固定资产”总分类账余额为 1 800 000 元、“短期借款”总分类账余额为 300 000 元，采用科目汇总表核算程序登记“固定资产”“短期借款”总分类账，资料如下。

科目汇总表

2019 年 9 月

单位：元

会计科目	1—10 日发生额		11—20 日发生额		21—30 日发生额		合　计	
	借方	贷方	借方	贷方	借方	贷方	借方	贷方
……								
固定资产	50 000		236 000			60 000	286 000	60 000
短期借款		300 000	260 000	200 000		155 000	260 000	655 000
……								

总　分　类　账

会计科目＿＿＿＿＿＿

年		凭证号数	摘要	对方科目	借　方										贷　方										借或贷	余　额									
月	日				千	百	十	万	千	百	十	元	角	分	千	百	十	万	千	百	十	元	角	分		千	百	十	万	千	百	十	元	角	分

总分类账

会计科目________

年		凭证号数	摘要	对方科目	借方										贷方										借或贷	余额									
月	日				千	百	十	万	千	百	十	元	角	分	千	百	十	万	千	百	十	元	角	分		千	百	十	万	千	百	十	元	角	分

(3) 2019 年 12 月，"银行存款""主营业务收入"资料如下。采用科目汇总表核算程序登记"银行存款""主营业务收入"总分类账。

总分类账户余额

2019 年 11 月 30 日

单位：元

会计科目	本月合计		本年合计		余额	
	借方	贷方	借方	贷方	借方	贷方
银行存款	450 000	150 000	1 680 000	1 050 000	820 000	
主营业务收入	385 000	385 000	1 360 000	1 360 000		0

科目汇总表

2019 年 12 月

单位：元

会计科目	1—10 日发生额		11—20 日发生额		21—30 日发生额		合计	
	借方	贷方	借方	贷方	借方	贷方	借方	贷方
……								
银行存款	330 000	425 500	517 000	200 000	120 000	285 000	967 000	910 500
主营业务收入		360 000	15 000	150 000	595 000	100 000	610 000	610 000
……								

总 分 类 账

会计科目

年		凭证号数	摘要	对方科目	借方										贷方										借或贷	余额									
月	日				千	百	十	万	千	百	十	元	角	分	千	百	十	万	千	百	十	元	角	分		千	百	十	万	千	百	十	元	角	分

总 分 类 账

会计科目＿＿＿＿＿＿

年		凭证号数	摘要	对方科目	借方										贷方										借或贷	余额									
月	日				千	百	十	万	千	百	十	元	角	分	千	百	十	万	千	百	十	元	角	分		千	百	十	万	千	百	十	元	角	分

实训八 会计报表的编制

>>> 实训目的

会计报表是对企业财务状况、经营成果和现金流量的结构性表述。资产负债表、利润表、现金流量表分别从不同角度反映企业的财务状况、经营成果和现金流量。资产负债表是反映企业在某一特定日期财务状况的报表，体现企业所拥有的资产、需偿还的债务，以及股东(投资者)拥有的净资产情况。利润表是反映企业在一定会计期间的经营成果的报表，即盈利或亏损的情况，表明企业运用所拥有的资产的获利能力。现金流量表反映企业在一定会计期间现金和现金等价物流入和流出情况的报表。通过本实训的练习，学生应能够根据所提供的实训资料熟练地编制资产负债表、利润表，同时了解现金流量表的构成内容。

>>> 实训要求

编制会计报表是对会计核算工作的全面总结，也是及时提供合法、真实、准确、完整的会计信息的重要环节。编制会计报表的具体要求如下。

1. 首先回顾前面实训的内容。
2. 复习“基础会计”课程中关于会计报表编制部分的理论叙述。
3. 审核所给实训资料的正确性。
4. 根据审核后的实训资料编制资产负债表。
5. 根据审核后的实训资料编制利润表。

一、实训设计

（一）资产负债表的编制

资产负债表是指反映企业在某一特定日期的财务状况的会计报表，主要反映资产、负债和所有者权益三方面的内容，并满足“资产 = 负债 + 所有者权益”的平衡式。我国企业的资产负债表采用账户式结构，具体编制步骤如下。

（1）审核所给原始资料的正确性。

（2）掌握资产负债表的填列方法，尤其是特殊项目的填列方法。例如，有些项目需要根据总账科目余额填列，有些项目需要根据明细科目的余额填列，有些项目需要根据几个总账科目的期末余额合计数填列，而有些资产项目则需要与有关备抵账户抵消后填列。

（3）检查资产负债表左右两方填列金额是否相等。

（二）利润表的编制

利润表是指反映企业在一定会计期间的经营成果的报表。通过编制利润表，可以反映企业在一定会计期间收入、费用、利润（或亏损）的数额和构成情况。我国企业的利润表采用多步式格式，具体编制步骤如下。

（1）了解所给实训资料的内容。

（2）了解利润表的填列方法，根据各收支账户的发生额填列表中各项内容，明确所得税的计算方法。

（3）检查利润表中所列金额及净利润计算的正确性。

二、实训资料

（一）编制年度资产负债表

内蒙古华兴有限公司 2019 年度资产负债表科目本年累计发生额如下。

科目余额表

2019 年 12 月 31 日

科目名称	借方余额	科目名称	贷方余额
库存现金	2 000	短期借款	50 000
银行存款	786 135	应付票据	100 000
其他货币资金	7 300	应付账款	953 800
交易性金融资产	0	其他应付款	50 000
应收票据	66 000	应付职工薪酬	180 000
应收账款	600 000	应交税费	226 731
坏账准备	–1 800	应付利息	0
预付账款	100 000	应付股利	32 215.85
其他应收款	5 000	长期借款	1 160 000
材料采购	275 000	股本	5 000 000.

续表

科目名称	借方余额	科目名称	贷方余额
原材料	49 250	盈余公积	124 770.40
周转材料	38 050	利润分配(未分配利润)	190 717.75
库存商品	2 122 400		
其他流动资产	90 000		
长期股权投资	250 000		
固定资产	2 401 000		
累计折旧	-170 000		
固定资产减值准备	-30 000		
工程物资	150 000		
在建工程	578 000		
无形资产	600 000		
累计摊销	-60 000		
递延所得税资产	9 900		
其他非流动资产	200 000		
合　　计	8 068 235	合　　计	8 068 235

根据本年度相关科目发生额编制资产负债表。

资产负债表

编制单位：内蒙古华兴有限责任公司　　　　年　　月　　日　　　　单位：元

资　　产	期末余额	负债和所有者权益(或股东权益)	期末余额
流动资产：		流动负债：	
货币资金		短期借款	
以公允价值计量且其变动计入当日损益的金融资产		以公允价值计量且其变动计入当日损益的金融负债	
应收票据		应付票据	
应收账款		应付账款	
预付款项		预收款项	
应收利息		应付职工薪酬	
应收股利		应交税费	
其他应收款		应付利息	
存货		应付股利	
持有待售资产		其他应付款	

续表

资　　产	期末余额	负债和所有者权益(或股东权益)	期末余额
一年内到期的非流动资产		持有待售负债	
其他流动资产		一年内到期的非流动负债	
流动资产合计		其他流动负债	
非流动资产：		流动负债合计	
可供出售金融资产		非流动负债：	
持有至到期投资		长期借款	
长期应收款		应付债券	
长期股权投资		其中：优先股	
投资性房地产		永续债	
固定资产		长期应付款	
在建工程		专项应付款	
工程物资		预计负债	
固定资产清理		递延所得税负债	
生产性生物资产		其他非流动负债	
油气资产		非流动负债合计	
无形资产		负债合计	
开发支出		所有者权益(或股东权益)：	
商誉		实收资本(或股本)	
长期待摊费用		其他权益工具	
递延所得税资产		其中：优先股	
其他非流动资产		永续债	
非流动资产合计		资本公积	
		减：库存股	
		其他综合收益	
		盈余公积	
		未分配利润	
		所有者权益(或股东权益)合计	
资产总计		负债和所有者权益(股东权益)合计	

(二)编制年度利润表

内蒙古华兴有限公司2019年年度利润表科目本年累计发生额如下。

2019年年度利润表科目本年累计发生额

科目名称	借方发生额	贷方发生额
主营业务收入		12 000 000
其他业务收入		500 000
主营业务成本	7 300 000	
其他业务成本	200 000	
营业税金及附加	20 000	
销售费用	200 000	
管理费用	971 000	
财务费用	300 000	
资产减值损失	309 000	
投资收益		15 000
营业外收入		500 000
营业外支出	220 400	
所得税费用	1 153 218	

根据本年度相关科目发生额编制利润表。

利　润　表

编制单位：内蒙古华兴有限责任公司　　2019年度　　单位：元

项　　目	本期金额	上期金额
一、营业收入		
减：营业成本		
税金及附加		
销售费用		
管理费用		
财务费用		
资产减值损失		
加：公允价值变动收益(损失以“－”号填列)		
投资收益(损失以“－”号填列)		
其中：对联营企业和合营企业的投资收益		
资产处置收益(损失以“－”填列)		
其他收益		
二、营业利润(亏损以“－”号填列)		
加：营业外收入		

续表

项　　目	本期金额	上期金额
减：营业外支出		
三、利润总额(亏损总额以“ - ”号填列)		
减：所得税费用		
四、净利润(净亏损以“ - ”号填列)		
五、其他综合收益的税后净额		
(一)以后不能重分类进损益的其他综合收益		
1. 重新计量设定受益计划净负债或净资产的变动		
2. 权益法下在被投资单位不能重分类进损益的其他综合收益中享有的份额		
……		
(二)以后将重分类进损益的其他综合收益		
1. 权益法下被投资单位以后将重分类进损益的其他综合收益中享有的份额		
2. 可供出售金融资产公允价值变动损益		
3. 持有至到期投资重分类为可供出售金融资产损益		
4. 现金流量套期损益的有效部分		
5. 外币财务报表折算差额		
……		
六、综合收益总额		
七、每股收益		
(一)基本每股收益		
(二)稀释每股收益		

实训九 综合业务模拟实训

>>> 实训目的

科目汇总表账务处理程序又称记账凭证汇总表账务处理程序，是指根据记账凭证定期编制科目汇总表，再根据科目汇总表登记总账的一种账务处理程序。通过本实训，学生应熟悉在科目汇总表账务处理程序下，会计凭证的填制、会计账簿的设置，以及记账程序的基本内容，并能掌握实际操作的基本程序和方法。

>>> 实训要求

1. 根据实训资料编制利蒙公司 2018 年 12 月的会计分录，填制通用记账凭证，凭证编号为“记”字。
2. 开设所有会计账户的 T 形账户。
3. 编制科目汇总表，并进行发生额试算平衡。
4. 开设并登记银行存款日记账。
5. 开设并登记相关总账。
6. 编制 2018 年 12 月的利润表。
7. 开设并登记“原材料”“生产成本”明细账。

一、实训设计

(1) 认真阅读实训资料，分析该企业的经济业务。
(2) 在指导教师带领下回顾科目汇总表账务处理程序。
(3) 根据实训资料中经济业务填制通用记账凭证。
(4) 根据审核无误的会计凭证登记相关账簿。
(5) 根据有关账簿编制利润表。

二、实训资料

(一) 基本资料

内蒙古利蒙有限公司的相关资料如表 9-1 所示。

表 9-1 内蒙古利蒙有限公司的相关资料

项目	内容	项目	内容
会计主体	内蒙古利蒙有限公司	增值税税率	16%
基本开户行	中国银行赛罕区支行	账　　号	2120120056789
单位负责人	张立猛	地　　址	呼和浩特市赛罕区汇商广场
出　　纳	周美娜	电　　话	0471－3803666
会计主管	赵梅	纳税人登记号	91150102MA0MY78R9M

(二) 账户期初余额

内蒙古利蒙有限公司为增值税一般纳税人，主要生产机床用配件，2018 年 12 月期初余额如表 9-2 所示。

表 9-2 内蒙古利蒙有限公司 2018 年 12 月期初余额

会计科目	借方余额	贷方余额
库存现金	8 800	
银行存款	225 000	
应收账款	98 000	
其他应收款	800	
原材料	450 000	
库存商品	100 800	
固定资产	210 000	
累计折旧		38 000
短期借款		50 000
应付账款		38 000
应付职工薪酬		800
应交税费		7 800

续表

会计科目	借方余额	贷方余额
应付利息		800
应付利润		5 000
实收资本		815 000
资本公积		20 000
盈余公积		28 000
未分配利润		10 000
本年利润（1—11 月）		80 000
合计	1 093 400	1 093 400

2018 年 12 月初有关明细账余额如下。

原材料——甲材料：3 000 千克，单价 100 元，共 300 000 元。

原材料——乙材料：5 000 千克，单价 30 元，共 150 000 元。

库存商品——A 产品：250 件，单位成本 300 元，总成本 75 000 元。

库存商品——B 产品：100 件，单位成本 258 元，总成本 25 800 元。

（三）2018 年 12 月发生的经济业务

（1）1 日，收到永嘉公司归还的以前欠款 8 800 元，存入银行。进账单见图 9-1。

进账单（收账通知）3

2018年12月01日

汇款人	全称	永嘉有限责任公司	收款人	全称	内蒙古利蒙有限公司
	账号	6252011508201395		账号	2120120056789
	汇出地点	呼和浩特市		汇入地点	呼和浩特市
汇出行名称		中国银行五一路支行	汇入行名称		中国银行赛罕区支行
金额	人民币（大写）	捌仟捌佰圆整		亿千百十万千百十元角分	¥880000
复核 张少华 记账 吴晓敏			中国银行五一路支行 2018.12.01 转讫 (01) 收款人开户行签章		

此联是收款人开户行交给收款人的收账通知

图 9-1 进账单

(2) 2 日，仓库共发出甲材料 350 千克，其中生产 A 产品领用 100 千克，B 产品领用 200 千克，车间修理耗用 50 千克，每千克单价 100 元。领料单见图 9-2。

领　料　单

领用单位：生产车间　　　　2018 年 12 月 2 日　　　　领料单编号：064

用途	材料名称：甲材料		规格型号		计量单位：千克
	请领	实发	单位成本	成本	备注
A 产品	100	100	100.00	10 000	
B 产品	200	200	100.00	20 000	
车间耗用	50	50	100.00	5 000	
合计	350	350	100.00	35 000	

此联交财务

主管：刘汉武　　　　领料：王川　　　　仓库：魏伟

图 9-2　领料单

(3) 3 日，购进乙材料 1 000 千克，增值税发票注明：价款 30 000 元，增值税税率 16%，增值税税额 4 800 元，用银行存款支付，材料已验收入库。增值税发票见图 9-3，合同复印件见图 9-4，电汇凭证回单见图 9-5，入库单见图 9-6。

内蒙古增值税专用发票

2340401161　　　　发 票 联　　　　No.06214641

开票日期：2018年12月03日

购货单位	名　　称：内蒙古利蒙有限公司 纳税人识别号：91150102MA0MY78R9M 地 址、电 话：呼和浩特赛罕区汇商广场　0471-3803666 开户行及账号：中国银行赛罕区支行　2120120056789				密码区	（略）	
货物及应税劳务名称	规格型号	单位	数量	单价	金额	税率	税额
*A类*乙材料		千克	1 000	30.00	30 000.00	16%	4 800.00
合　计					¥30 000.00	16%	¥4 800.00
价税合计（大写）	叁万肆仟捌佰圆整				（小写）　¥34 800.00		
销货单位	名　　称：金辉有限责任公司 纳税人识别号：150101237685432 地 址、电 话：呼和浩特南大街4号　0471-2356778 开户行及账号：中国工商银行南大街支行　3124565789788				备注	金辉有限责任公司 150101237685432 发票专用章	

第三联 发票联 购货方记账凭证

收款人：吴华　　复核：张楠　　开票人：李子墨　　销货单位（盖章）：

图 9-3　增值税发票

商品买卖合同

订立合同双方：

供方：

需方：

供需双方本着平等互利、协商一致的原则，签订本合同，以资双方信守执行。

第一条　商品名称、种类、规格、单位、数量

第二条　商品质量标准　商品质量标准可选择下列第___项作标准：

1.附商品样本，作为合同附件。

2.商品质量，按照标准执行。（副品不得超过___%）。

3.商品质量由双方议定。

第三条　商品单价及合同总金额

………

………

第十一条　违约责任

………

………

需方：　　　　（盖章）　　　　供方：　　　　（盖章）

法定代表人：（盖章）　张立猛　　　　法定代表人：（盖章）

开户银行及账号：中国银行赛罕区支行 2120120056789　　　　开户银行及账号：中国工商银行南大街支行 3124565789788

2018年12月3日

图 9-4　合同复印件

电汇凭证（回单）1

2018年12月03日

汇款人	全　称	内蒙古利蒙有限公司	收款人	全　称	金辉有限责任公司
	账　号	2120120056789		账　号	3124565789788
	汇出地点	呼和浩特市		汇入地点	呼和浩特市
汇出行名称		中国银行赛罕区支行	汇入行名称		中国工商银行南大街支行

金额	人民币（大写）	叁万肆仟捌佰元整	亿	千	百	十	万	千	百	十	元	角	分
						¥	3	4	8	0	0	0	0

汇出行签章	支付密码
	附加信息及用途：
	复核：　　　　记账

此联是汇款出行给汇款人的回单

图 9-5　电汇凭证回单

入 库 单

2018 年 12 月 3 日

供应单位：金辉有限责任公司　　　　　　　　　　　　　　收料单编号：001

材料类别：原材料及主要材料　　　　　　　　　　　　　　收料仓库：2 号库

编号	名称	规格	单位	数量		实际成本					备注
				应收	实收	买价		运杂费	其他	合计	
						单价	金额				
001	乙材料		千克	1 000	1 000	30	30 000	0	0	30 000	
合计						30	3 000		0	3 000	

第三联 记账联

主管：林萍　　采购员：王一　　检验员：赵凯　　记账员：马芳　　保管员：吴海

图 9-6　入库单

（4）4 日，通过银行缴纳上月增值税税款 7 800 元。电子缴税凭证见图 9-7。

电子缴税付款凭证

转账日期：2018年12月04日

中国银行呼和浩特赛罕区支行 业务专用章 123357899

凭证字号：

纳税人全称及纳税人识别号：内蒙古利蒙有限公司　91150102MA0MY78R9M

付款人账号：2120120056789　　征收机关名称：呼和浩特市赛罕区国税局

付款人开户行：中国银行赛罕区支行　　收款国库（银行）名称：国家金库新城区支库

小写（合计）金额：¥7 800.00　　税款书交易流水号：20181204000001

大写（合计）金额：柒仟捌佰圆整　　税票号码：23016564564564865

税（费）种名称	所属日期	实缴金额
增值税	20181101–20181130	7 800.00

第二联 作付款回单

图 9-7　电子缴税凭证

（5）5 日，仓库发出乙材料 5 000 千克，每千克 30 元，全部用于生产 A 产品。领料单见图 9-8。

领 料 单

领用单位：生产车间　　2018 年 12 月 5 日　　领料单编号：064

用途	材料名称：乙材料		规格型号		计量单位：千克
	请领	实发	单位成本	成本	备注
A 产品	5 000	5 000	30.00	150 000	
合计	5 000	5 000	30.00	150 000	

此联交财务

主管：刘汉武　　领料：王川　　仓库：魏伟

图 9-8　领料单

（6）6 日，归还短期借款。电子转账回单见图 9-9。

中国银行　电子回单

电子回单号：156465f46ds4fwc　　电子回单码：56645fsdasfa

汇款人	户　名	内蒙古利蒙有限公司	收款人	户　名	中国银行赛罕区支行
	账　号	2120120056789		账　号	210002122222222
	开户行	中国银行赛罕区支行		开户行	中国银行赛罕区支行
金额		¥40 000.00			
金额大写		人民币肆万圆整			
用途		偿还短期借款			
中国银行 电子回单专用章		验证码	f45d4564saf4545asfafg	流水号	201812060012a

记账日期：2018年12月06日

图 9-9　电子转账回单

（7）7 日，购入甲材料 200 千克，增值税发票注明：价款 20 000 元，增值税税率 16%，税额 3 200 元，全部用银行存款支付，材料尚未到达。商品买卖合同原件见图 9-10，增值税发票见图 9-11，电汇凭证回单见图 9-12。

（8）8 日，用现金购入车间劳保用品 800 元，已交付使用。增值税发票见图 9-13。

商品买卖合同

订立合同双方：
供方：金辉有限责任公司
需方：内蒙古利蒙有限公司
供需双方本着平等互利、协商一致的原则，签订本合同，以资双方信守执行。

第一条 商品名称、种类、规格、单位、数量

第二条 商品质量标准 商品质量标准可选择下列第___项作标准.

1.附商品样本，作为合同附件。

2.商品质量，按照标准执行。（副品不得超过___%）。

3.商品质量由双方议定。

第三条 商品单价及合同总金额

………

………

第十一条 违约责任

………

………

需方：（盖章）内蒙古利蒙有限公司 91150102MA0AMY78R9M

法定代表人：（盖章）张立猛

开户银行及账号：中国银行赛罕区支行 2120120056789

供方：（盖章）金辉有限责任公司 150101237685432

法定代表人：（盖章）

开户银行及账号：中国工商银行南大街支行 3124565789788

2018年12月7日

图 9-10 商品买卖合同原件

内蒙古增值税专用发票

2340401161 发票联 No.06214642

开票日期：2018年12月07日

购货单位	名称：内蒙古利蒙有限公司 纳税人识别号：91150102MA0MY78R9M 地址、电话：呼和浩特赛罕区汇商广场 0471-3803666 开户行及账号：中国银行赛罕区支行 2120120056789				密码区	（略）	
货物及应税劳务名称	规格型号	单位	数量	单价	金额	税率	税额
*A类*甲材料		千克	200	100.00	20 000.00	16%	3 200.00
合计					¥20 000.00	16%	¥3 200.00
价税合计（大写）	贰万叁仟贰佰圆整				（小写） ¥23 200.00		
销货单位	名称：金辉有限责任公司 纳税人识别号：150101237685432 地址、电话：呼和浩特南大街4号 0471-2356778 开户行及账号：中国工商银行南大街支行 3124565789788				备注	金辉有限责任公司 150101237685432 发票专用章	

第三联 发票联 购货方记账凭证

收款人：吴华 复核：张楠 开票人：李子墨 销货单位（盖章）：

图 9-11 增值税发票

中国银行　电子回单

电子回单号：156465f46ds4fwe　　　　电子回单码：56645fsdasfa

汇款人	户　名	内蒙古利蒙有限公司	收款人	户　名	金辉有限责任公司
	账　号	2120120056789		账　号	312456578978
	开户行	中国银行赛罕区支行		开户行	中国工商银行南大街支行
金额		¥23 200.00			
金额大写		人民币贰万叁仟贰佰圆整			
用途		支付货款			
中国银行 电子回单专用章	验证码	f4df563214545asfafg	流水号	201812070012a	

记账日期：2018年12月07日

图 9-12　电汇凭证回单

增值税普通发票

发票联

内蒙古 国家税务局监制

发票代码　015001800107

发票号码　04722280

机打号码　04722280　机器编号　661709231

销售方名称　呼和浩特民族商场

纳税人识别号　91150100625281035

开票日期　2018-12-08

购买方名称　内蒙古利蒙有限公司

纳税人识别号　91150102MA0MY78R9M

项目	单价	数量	金额
办公用品			800.00

呼和浩特民族商场 91150100625281035 发票专用章

合计金额（小写）800.00

合计金额（大写）捌佰圆整

校验码　7600 2544 2266 0265 4491

图 9-13　增值税普通发票

（9）9 日，7 日购买的甲材料已到达企业，并验收入库。入库单见图 9-14。

入 库 单

2018 年 12 月 9 日

供应单位：金辉有限公司　　　　收料单编号：001

材料类别：原材料及主要材料　　　　收料仓库：2 号库

编号	名称	规格	单位	数量		实际成本					备注
				应收	实收	买价		运杂费	其他	合计	
						单价	金额				
2	甲材料		千克	20	20	1 000	20 000	0	0	20 000	
合计						1 000	20 000	0	0	20 000	

第三联　记账联

主管：林萍　　采购员：王一　　检验员：赵凯　　记账员：马芳　　保管员：吴海

图 9-14　入库单

（10）10 日，用银行存款归还前欠大明工厂的货款 28 000 元。转账支票存根见图 9-15。

中国银行
支票存根

10400030
37080880

附加信息

出票日期2018年12月10日

收款人：大明工厂
金　额：¥28 000.00
用　途：偿还货款

单位主管：赵梅　　会计：马芳

图 9-15　转账支票存根

（11）10 日，仓库发出甲材料 100 千克，每千克 100 元，其中生产 A 产品领用 20 千克，生产 B 产品领用 70 千克，车间修理耗用 10 千克。领料单见图 9-16。

领　料　单

领用单位：生产车间　　　　2018 年 12 月 10 日　　　　领料单编号：065

用途	材料名称：甲材料		规格型号		计量单位：千克
	请领	实发	单位成本	成本	备注
A 产品	20	20	100.00	2 000	
B 产品	70	70	100.00	7 000	
车间修理耗用	10	10	100.00	1 000	
合计	100	100	100.00	10 000	

此联交财务

主管：刘汉武　　　　领料：王川　　　　仓库：魏伟

图 9-16　领料单

（12）11 日，企业销售 A 产品 150 件，单价 600 元，开出的增值税发票注明：价款 90 000元，增值税税率 16%，税额 14 400 元，款项都收到，已存入银行。A 产品的生产成本为 45 000 元，结转其销售成本。增值税发票见图 9-17，进账单见图 9-18，出库单见图 9-19。

增值税专用发票

发票联

2340401161　　　　No.01730001

开票日期：2018年12月11日

购货单位	名　　称：邢台市荣佳有限责任公司 纳税人识别号：130269354422364 地 址、电 话：河北省邢台市大府路高新创业园B区3号楼 电话：0319-35896853 开户行及账号：中国工商银行邢台高新创业园支行 622201150820160830	密码区	（略）				
货物及应税劳务名称	规格型号	单位	数量	单价	金额	税率	税额
*A类*A产品		件	150	600.00	90 000.00	16%	14 400.00
合　计					¥90 000.00	16%	¥14 400.00
价税合计（大写）	壹拾万零肆仟肆佰圆整				（小写）¥104 400.00		
销货单位	名　　称：内蒙古利蒙有限公司 纳税人识别号：91150102MA0MY78R9M 地 址、电 话：呼和浩特赛罕区汇商广场　0471-3803666 开户行及账号：中国银行赛罕区支行　2120120056789	备注					

第一联　记账联　销售方记账凭证

收款人：周小玲　　复核：白方　　开票人：马芳　　销货单位（盖章）：

图 9-17　增值税专用发票

进账单（收账通知）3

2018年12月11日

汇款人	全称	邢台市荣佳有限责任公司	收款人	全称	内蒙古利蒙有限公司
	账号	62 201150820160830		账号	2120120056789
	汇出地点	邢台市		汇入地点	呼和浩特市
汇出行名称		中国工商银邢台高新创业园支行	汇入行名称		中国银行赛罕区支行
金额	人民币（大写）	壹拾万零肆仟肆佰圆整			¥104 400.00
复核 张少华 记账 吴晓敏			收款人开户行签章 中国银行赛罕区支行 2018.12.11 转讫 (01)		

此联是收款人开户行交给收款人的收账通知

图 9-18 进账单

产品出库单

第 603011 号

2018 年 12 月 11 日

名称	单位	数量	单价	金额									用途或原因
				百	十	万	千	百	十	元	角	分	
A 产品	件	150	300			4	5	0	0	0	0	0	销售
合计		150	300		¥	4	5	0	0	0	0		

第三联 记账联

主管：林萍　　会计：马芳　　质检员：孙莉　　保管员：吴海　　经手人：吴海

图 9-19 出库单

(13) 11 日，以银行存款 1 400 元支付销售 A 产品发生的运费。增值税普通发票见图 9-20，转账支票存根见图 9-21。

(14) 12 日，销售给大华有限责任公司 B 产品 100 件，单价 500 元，开出的增值税发票注明：价款 50 000 元，增值税税额 8 000 元，价款尚未收到。B 产品的成本为 25 800 元，结转其销售成本。增值税发票见图 9-22，委托收款凭证见图 9-23，产品出库单见图 9-24。

内蒙古增值税电子普通发票

发 票 联

0401161　　No.06214

开票日期：2018年12月11日

<table>
<tr><td rowspan="4">购货单位</td><td colspan="4">名　　称：内蒙古利蒙有限公司</td><td rowspan="4">密码区</td><td colspan="3" rowspan="4">（略）</td></tr>
<tr><td colspan="4">纳税人识别号：91150102MA0MY78R9M</td></tr>
<tr><td colspan="4">地 址、电 话：呼和浩特赛罕区汇商广场　0471-3803666</td></tr>
<tr><td colspan="4">开户行及账号：中国银行赛罕区支行　2120120056789</td></tr>
<tr><td>货物及应税劳务名称</td><td>规格型号</td><td>单位</td><td>数量</td><td>单价</td><td>金额</td><td>税率</td><td>税额</td><td></td></tr>
<tr><td>*陆路运输*运输费</td><td></td><td></td><td></td><td></td><td>1 359.22</td><td>3%</td><td>40.78</td><td></td></tr>
<tr><td>合　计</td><td></td><td></td><td></td><td></td><td>¥1 359.22</td><td>3%</td><td>¥40.78</td><td></td></tr>
<tr><td>价税合计（大写）</td><td colspan="8">壹仟肆佰圆整　（小写）¥1 400.00</td></tr>
<tr><td rowspan="4">销货单位</td><td colspan="4">名　　称：内蒙古飞速物流有限公司</td><td rowspan="4">备注</td><td colspan="3" rowspan="4">内蒙古飞速物流有限公司
15010123585432
发票专用章</td></tr>
<tr><td colspan="4">纳税人识别号：15010123585432</td></tr>
<tr><td colspan="4">地 址、电 话：呼和浩特赛罕区物流园201号　047138022568</td></tr>
<tr><td colspan="4">开户行及账号：中国工商银行赛罕区支行
62524565789788</td></tr>
</table>

收款人：周虎虎　　复核：张清　　开票人：郝志南　　销货单位（盖章）：

图 9-20　增值税普通发票

中国银行
支票存根
10400030
37080888

附加信息

出票日期2018年12月11日

收款人：内蒙古飞速物流有限公司
金　额：¥1 400.00
用　途：支付运费

单位主管：赵梅　　会计：马芳

图 9-21　转账支票存根

增值税专用发票

2340401161 发票联 No.01730002

开票日期：2018年12月12日

<table>
<tr><td rowspan="2">购货单位</td><td colspan="4">名　　称：山西大华有限公司
纳税人识别号：160265636996517
地 址、电 话：山西省太原市五支路蓝海大厦12层506室
电话：0351-63569542
开户行及账号：中国建设银行太原五支路支行
6568201150820135210</td><td>密码区</td><td colspan="3">（略）</td></tr>
</table>

货物及应税劳务名称	规格型号	单位	数量	单价	金额	税率	税额
*A类*B产品		件	100	500.00	50 000.00	16%	8 000.00
合　计					¥50 000.00	16%	¥8 000.00
价税合计（大写）	伍万捌仟圆整						（小写）¥58 000.00

<table>
<tr><td>销货单位</td><td>名　　称：内蒙古利蒙有限公司
纳税人识别号：91150102MAOMY78R9M
地 址、电 话：呼和浩特市赛罕区汇商广场　0471-3803666
开户行及账号：中国银行赛罕区支行　2120120056789</td><td>备注</td><td>内蒙古利蒙有限公司
91150102MAOMY78R9M
发票专用章</td></tr>
</table>

收款人：周小玲　　复核：白方　　开票人：马芳　　销货单位（盖章）：

第一联 记账联 销售方记账凭证

图 9-22　增值税发票

委托收款凭证（收账通知）3 第 0056 号

委邮　　委托日期　2018 年 12 月 12 日　　托收号码　2018121200123

<table>
<tr><td rowspan="3">汇款人</td><td>全　　称</td><td>山西大华有限公司</td><td rowspan="3">收款人</td><td>全　　称</td><td colspan="3">内蒙古利蒙有限公司</td></tr>
<tr><td>账号或住址</td><td>6568201150820135210</td><td>账　　号</td><td colspan="3">2120120056789</td></tr>
<tr><td>开户银行</td><td>中国建设银行太原五支路支行</td><td>开户银行</td><td>中国银行赛罕区支行</td><td>行号</td><td>62345</td></tr>
</table>

委托金额	人民币（大写） 伍万捌仟圆整	仟	佰	拾	万	仟	佰	拾	元	角	分
				¥	5	8	0	0	0	0	0

款项内容	货款	委托收款凭证名称		附寄单证张数	
备注：		款项收托日期 2018 年 12 月 12 日		收款人开户银行盖章 2018 年 12 月 12 日	

中国银行 赛罕区支行 2018.12.12 转讫 (01)

单位主管　　会计　　复核　　记账

此联是收款人开户银行交给收款人的回单

图 9-23　委托收款凭证

产品出库单

2018 年 12 月 12 日　　　　第 603011 号

名称	单位	数量	单价	金额									用途或原因
				百	十	万	千	百	十	元	角	分	
B 产品	件	100	258			2	5	8	0	0	0	0	销售
合　　计		100	258		¥	2	5	8	0	0	0	0	

第三联　记账联

主管：林萍　会计：马芳　质检员：孙莉　保管员：吴海　经手人：吴海

图 9-24　产品出库单

（15）12 日，用银行存款 3 180 元支付 B 产品发生的广告费，包括增值税 180 元。增值税发票见图 9-25，电汇凭证见图 9-26。

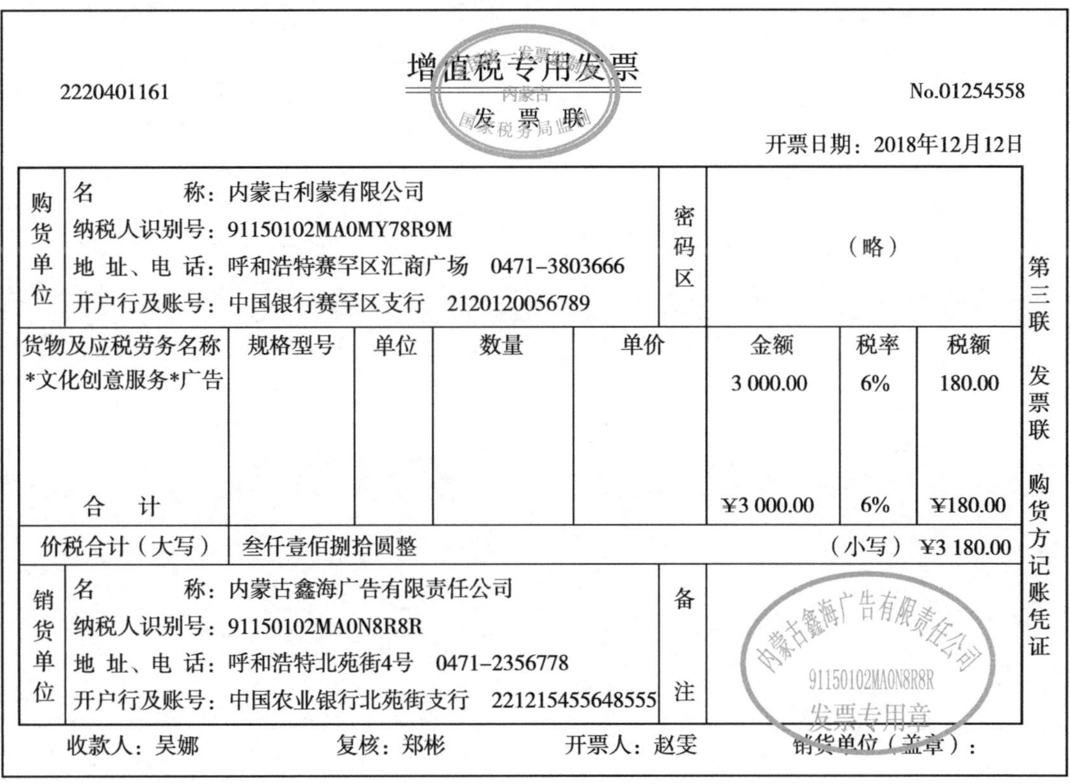

增值税专用发票

2220401161　　　　No.01254558

发　票　联

开票日期：2018年12月12日

购货单位	名　　称：内蒙古利蒙有限公司 纳税人识别号：91150102MA0MY78R9M 地 址、电 话：呼和浩特赛罕区汇商广场　0471-3803666 开户行及账号：中国银行赛罕区支行　2120120056789	密码区	（略）			
货物及应税劳务名称	规格型号	单位	数量	单价	金额	税率	税额
*文化创意服务*广告					3 000.00	6%	180.00
合　计					¥3 000.00	6%	¥180.00
价税合计（大写）	叁仟壹佰捌拾圆整				（小写）¥3 180.00		
销货单位	名　　称：内蒙古鑫海广告有限责任公司 纳税人识别号：91150102MA0N8R8R 地 址、电 话：呼和浩特北苑街4号　0471-2356778 开户行及账号：中国农业银行北苑街支行　221215455648555	备注	内蒙古鑫海广告有限责任公司 91150102MA0N8R8R 发票专用章			

第三联　发票联　购货方记账凭证

收款人：吴娜　复核：郑彬　开票人：赵雯　销货单位（盖章）：

图 9-25　增值税发票

中国银行　　电子回单

电子回单号：156465f46ds4fwe　　　　电子回单码：56645fsdasfa

汇款人			收款人		
	户　名	内蒙古利蒙有限公司		户　名	内蒙古鑫海广告有限责任公司
	账　号	2120120056789		账　号	221215455648555
	开户行	中国银行赛罕区支行		开户行	中国农业银行北苑街支行
金额	¥3 180.00				
金额大写	人民币叁仟壹佰捌拾圆整				
用途	支付货款				
（中国银行 电子回单专用章）	验证码	f4df5fjkjfkd15533sfafg	流水号	201812/203456	

记账日期：2018年12月12日

图 9-26　电汇凭证

（16）12 日，用银行存款购入一台机器，价款 65 000 元，增值税 10 400 元，当即投入使用。增值税发票见图 9-27，转账支票存根见图 9-28。

增值税专用发票

（全国统一发票监制章 内蒙古 国家税务局监制）发票联

2220401161　　　　No.01254558

开票日期：2018年12月12日

购货单位	名　称：内蒙古利蒙有限公司 纳税人识别号：91150102MA0MY78R9M 地 址、电 话：呼和浩特赛罕区汇商广场　0471-3803666 开户行及账号：中国银行赛罕区支行　2120120056789				密码区	（略）	
货物及应税劳务名称	规格型号	单位	数量	单价	金额	税率	税额
*货物*机器设备		台	1	65 000.00	65 000.00	16%	10 400.00
合　计					¥ 65 000.00	16%	¥10 400.00
价税合计（大写）	柒万伍仟肆佰圆整					（小写）	¥75 400.00
销货单位	名　称：光明机械厂 纳税人识别号：150102MA0N8R8R 地 址、电 话：呼和浩特海西路22号　0471-23555588 开户行及账号：中国建设银行海东路支行　2212145645555				备注	（光明机械厂 150102MA0N8R8R 发票专用章）	

收款人：周思明　　复核：程晨　　开票人：吴华　　销货单位（盖章）：

第三联 发票联 购货方记账凭证

图 9-27　增值税专用发票

中国银行
支票存根

10400030
3708080

附加信息

出票日期2018年12月12日

收款人：光明机械厂
金　额：¥75 400.00
用　途：支付设备款

单位主管：赵梅　　会计：马芳

图 9-28　转账支票存根

（17）13 日，以现金支付总经理助理王伟预借的差旅费 4 000 元。借款单见图 9-29。

借　款　单

2018年12月13日　　第6号

借款部门	总经理办公室	姓名	王伟	事由	参加会议
借款金额（大写）	⊗万肆仟零佰拾零元零角零分			¥4 000.00	
部门负责人			借款人	王伟	
单位领导批示	张立猛		财务部经理审核	赵梅	

现金付讫

图 9-29　借款单

（18）14 日，出售乙材料 300 千克，每千克 50 元，开出的增值税发票注明：价款 15 000元，增值税税额 2 400 元，货款收到，已存入银行。该批材料的成本为 9 000 元，结转其成本。增值税发票见图 9-30，进账单见图 9-31，出库单见图 9-32。

（19）15 日，销售 A 产品 50 件，单价 400 元，开出增值税发票注明：价款 20 000 元，税额 3 200 元，货款收到，已存入银行。A 产品的成本为 15 000 元，结转其销售成本。增值税发票见图 9-33，进账单见图 9-34，出库单见图 9-35。

增值税专用发票

发票联

23040401161 No.01730001

开票日期：2018年12月14日

购货单位	名称：邢台市荣佳有限责任公司 纳税人识别号：130269354422364 地址、电话：河北省邢台市大府路高新创业园B区3号楼 电话：0319-35896853 开户行及账号：中国工商银行邢台高新创业园支行 6222011508201608 30	密码区	（略）

货物及应税劳务名称	规格型号	单位	数量	单价	金额	税率	税额
*A类*乙材料		千克	300	50.00	15 000.00	16%	2 400.00
合　计					￥15 000.00	16%	￥2 400.00
价税合计（大写）	壹万柒仟肆佰圆整					（小写）	￥17 400.00

销货单位	名称：内蒙古利蒙有限公司 纳税人识别号：91150102MA0MY78R9M 地址、电话：呼和浩特赛罕区汇商广场 0471-3803666 开户行及账号：中国银行赛罕区支行 2120120056789	备注	

收款人：周小玲　复核：白方　开票人：马芳　销货单位（盖章）：

第一联 记账联 销售方记账凭证

图 9-30 增值税发票

进账单（收账通知）3

2018年12月14日

汇款人	全　称	邢台市荣佳有限责任公司	收款人	全　称	内蒙古利蒙有限公司
	账　号	6222011508201608 30		账　号	2120120056789
	汇出地点	邢台市		汇入地点	呼和浩特市
汇出行名称		中国工商银行邢台高新创业园支行	汇入行名称		中国银行赛罕区支行
金额	人民币（大写）	壹拾柒万肆仟圆整		亿千百十万千百十元角分	￥17400000
复核 张少华　记账 吴晓敏			收款人开户行签章		

此联是收款人开户行交给收款人的收账通知

图 9-31 进账单

出 库 单

第 603013 号

2018 年 12 月 14 日

名称	单位	数量	单价	金额									用途或原因
				百	十	万	千	百	十	元	角	分	
乙材料	千克	300	30				9	0	0	0	0	0	销售
合　计		300	30			¥	9	0	0	0	0	0	

第三联 记账联

主管：林萍　会计：马芳　质检员：孙莉　保管员：吴海　经手人：吴海

图 9-32　出库单

增值税专用发票

2340401161　　发 票 联　　No.01730001

开票日期：2018年12月15日

购货单位	名称：石家庄嘉华有限责任公司 纳税人识别号：132589561566221213212 地 址、电 话：河北省石家庄市建设北路福海商业广场A座8层 电话：0311-265559866 开户行及账号：中国银行石家庄建设大街支行 633250115082013256	密码区	（略）				
货物及应税劳务名称	规格型号	单位	数量	单价	金额	税率	税额
*A类*A产品		件	50	400.00	20 000.00	16%	3 200.00
合　计					¥20 000.00	16%	¥3 200.00
价税合计（大写）	贰万叁仟贰佰圆整				（小写）¥23 200.00		
销货单位	名称：内蒙古利蒙有限公司 纳税人识别号：91150102MA0MY78R9M 地 址、电 话：呼和浩特赛罕区汇商广场 0471-3803666 开户行及账号：中国银行赛罕区支行 2120120056789	备注	内蒙古利蒙有限公司 91150102MA0M78R9M 发票专用章				

第一联 记账联 销售方记账凭证

收款人：周小玲　复核：白方　开票人：马芳　销货单位（盖章）：

图 9-33　增值税发票

进账单（收账通知）3

2018年12月15日

<table>
<tr><td rowspan="3">汇款人</td><td>全　称</td><td>石家庄嘉华有限责任公司</td><td rowspan="3">收款人</td><td>全　称</td><td colspan="11">内蒙古利蒙有限公司</td></tr>
<tr><td>账　号</td><td>63250115082013256</td><td>账　号</td><td colspan="11">2120120056789</td></tr>
<tr><td>汇出地点</td><td>石家庄市</td><td>汇入地点</td><td colspan="11">呼和浩特市</td></tr>
<tr><td colspan="2">汇出行名称</td><td>中国银行石家庄建设大街支行</td><td colspan="2">汇入行名称</td><td colspan="11">中国银行赛罕区支行</td></tr>
<tr><td rowspan="2">金额</td><td rowspan="2">人民币
（大写）</td><td colspan="3" rowspan="2">壹拾柒万肆仟圆整</td><td>亿</td><td>千</td><td>百</td><td>十</td><td>万</td><td>千</td><td>百</td><td>十</td><td>元</td><td>角</td><td>分</td></tr>
<tr><td></td><td></td><td>¥</td><td>1</td><td>7</td><td>4</td><td>0</td><td>0</td><td>0</td><td>0</td><td>0</td></tr>
<tr><td colspan="3">复核 张少华　记账 吴晓敏</td><td colspan="13">中国银行
赛罕区支行
2018.12.15
转讫
(01)
收款人开户行签章</td></tr>
</table>

此联是收款人开户行交给收款人的收账通知

图 9-34　进账单

产品出库单

第 603014 号

2018 年 12 月 15 日

<table>
<tr><td rowspan="2">名称</td><td rowspan="2">单位</td><td rowspan="2">数量</td><td rowspan="2">单价</td><td colspan="9">金额</td><td rowspan="2">用途或原因</td></tr>
<tr><td>百</td><td>十</td><td>万</td><td>千</td><td>百</td><td>十</td><td>元</td><td>角</td><td>分</td></tr>
<tr><td>A 产品</td><td>件</td><td>50</td><td>300</td><td></td><td></td><td>1</td><td>5</td><td>0</td><td>0</td><td>0</td><td>0</td><td>0</td><td>销售</td></tr>
<tr><td></td><td></td><td></td><td></td><td></td><td></td><td></td><td></td><td></td><td></td><td></td><td></td><td></td><td></td></tr>
<tr><td></td><td></td><td></td><td></td><td></td><td></td><td></td><td></td><td></td><td></td><td></td><td></td><td></td><td></td></tr>
<tr><td colspan="2">合　计</td><td>50</td><td>300</td><td></td><td>¥</td><td>1</td><td>5</td><td>0</td><td>0</td><td>0</td><td>0</td><td>0</td><td></td></tr>
</table>

第三联　记账联

主管：林萍　　会计：马芳　　质检员：孙莉　　保管员：吴海　　经手人：吴海

图 9-35　出库单

(20) 16 日，从银行提取现金 62 000 元，备发工资。现金支票存根见图 9-36。

(21) 17 日，用现金 62 000 元发放工资。职工工资发放表见图 9-37。

(22) 18 日，开出转账支票 1 200 元，偿还前欠东方公司货款。转账支票存根见图 9-38。

中国银行
支票存根
10400030
37080880

附加信息

出票日期2018年12月16日

收款人：内蒙古利蒙有限公司
金　额：¥62 000.00
用　途：备发工资

单位主管：赵梅　　会计：马芳

图 9-36　现金支票存根

职工工资发放表(简表)

序号	姓名	应发工资	养老保险金	医疗保险金	失业保险金	住房公积金	个人所得税	实发工资	备注
1	…	…	…	…	…	…	…	…	
	…	…	…	…	…	…	…	…	
…	…	…	…	…	…	…	…	…	
	合计							62 000	

图 9-37　工资发放表

中国银行
支票存根
10400030
37080801

附加信息

出票日期2018年12月18日

收款人：东方公司
金　额：¥1 200.00
用　途：偿还贷款

单位主管：赵梅　　会计：马芳

图 9-38　转账支票存根

(23) 20 日，收到外单位交来的合同违约金罚款收入 5 000 元，存入银行。进账单见图 9-39，现金收款凭证见图 9-40。

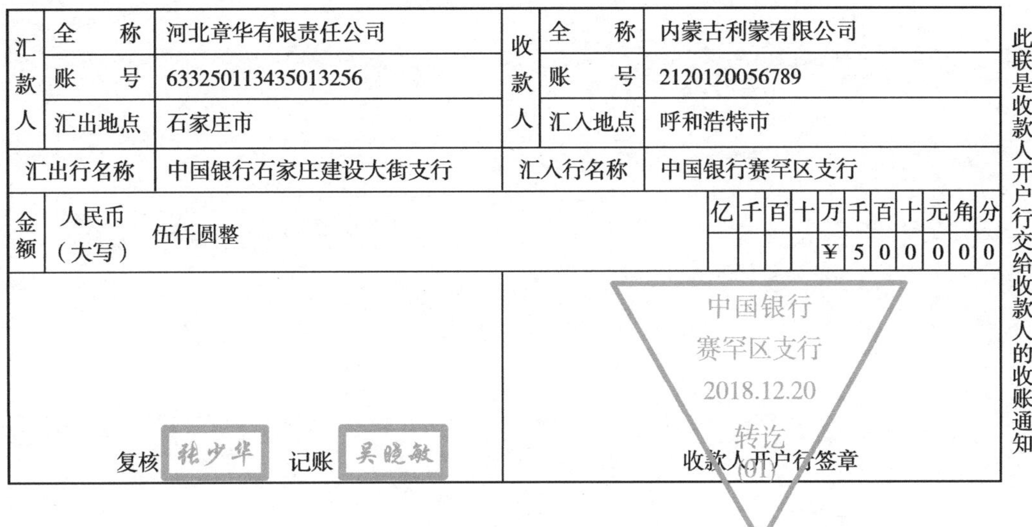

进账单（收账通知）3

2018年12月20日

汇款人	全称	河北章华有限责任公司	收款人	全称	内蒙古利蒙有限公司	
	账号	633250113435013256		账号	2120120056789	
	汇出地点	石家庄市		汇入地点	呼和浩特市	
汇出行名称		中国银行石家庄建设大街支行	汇入行名称		中国银行赛罕区支行	
金额	人民币（大写）	伍仟圆整			亿 千 百 十 万 千 百 十 元 角 分 ¥ 5 0 0 0 0 0	
复核 张少华 记账 吴晓敏			收款人开户行签章			

此联是收款人开户行交给收款人的收账通知

图 9-39 进账单

收款收据

2018年12月20日

今收到 河北章华有限责任公司

人民由 伍仟圆整 ¥5 000.00

系 付 合同违约金

单位盖章

会计 马芳 出纳 周美娜 经手人

第三联 交财务

图 9-40 现金收款凭证

(24) 23 日，总经理助理王伟出差归来报销差旅费 3 600 元，并交回现金余款。差旅费报销单见图 9-41，现金收款凭证见图 9-42。

差旅费报销单

2018 年 12 月 23 日

所属部门		总经理办公室		姓名	王伟	出差天数	自 12 月 14 日至 12 月 20 日，共 7 天		
出差事由		参加会议				借支差旅费		金额：¥4 000 元	
出发		到达		起止地点		交通费	住宿费	餐费	其他	小计
月	日	月	日							
12	14	12	14	呼市	上海	600	1 500	800	100	3 000
12	20	12	20	上海	呼市	600				600
合计				⊗万叁仟壹佰零拾零元零角分；¥3 600 元				应退回：¥：400 元		

总经理：张立猛　　财务经理：赵梅　　会计：马芳　　报销人：王伟

图 9-41 差旅费报销单

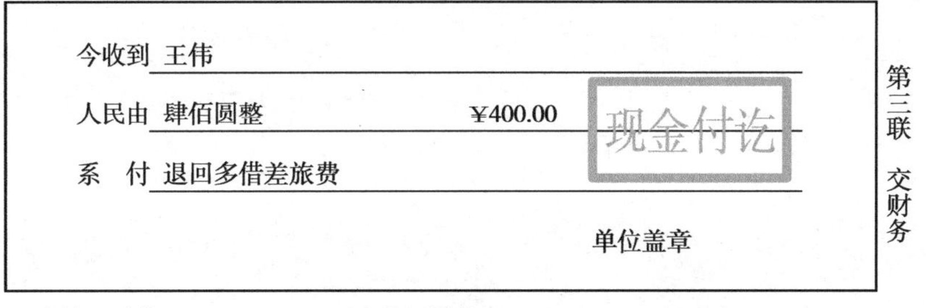
收款收据

2018年12月23日

今收到 王伟

人民由 肆佰圆整 ¥400.00

系 付 退回多借差旅费

单位盖章

现金付讫

第三联 交财务

会计 马芳　　出纳 周美娜　　经手人

图 9-42 现金收款凭证

(25) 25 日，分配本月发生的电费 4 412 元。其中 A 产品用电 2 000 元，B 产品用电 1 800 元，车间照明用电 412 元，行政部门用电 200 元，增值税税额 705.92 元，共 5 117.92 元，用银行存款支付。增值税发票见图 9-43，电汇凭证见图 9-44，外购电费分配表见图 9-45。

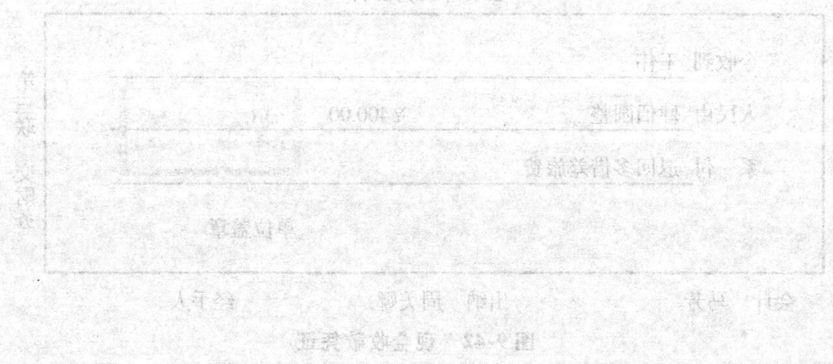

增值税专用发票

2340401161　　　　发　票　联　　　　No.06214641

开票日期：2018年12月25日

购货单位	名　　称：内蒙古利蒙有限公司 纳税人识别号：91150102MA0MY78R9M 地 址、电 话：呼和浩特赛罕区汇商广场　0471-3803666 开户行及账号：中国银行赛罕区支行　2120120056789	密码区	（略）

货物及应税劳务名称	规格型号	单位	数量	单价	金额	税率	税额
*电力*电力		度	4 412	1.00	4 412.00	16%	705.92
合　计					¥4 412.00	16%	¥705.92
价税合计（大写）	伍仟壹佰壹拾柒元玖角贰分					（小写）	¥5 117.92

销货单位	名　　称：呼和浩特供电局 纳税人识别号：91150124MA0MW4J85N 地 址、电 话：内蒙古自治区呼和浩特市新城区 0471-4982145 开户行及账号：中国工商银行海东路支行　5224565789788	备注	呼和浩特供电局 91150124MA0MW4J85N 发票专用章

收款人：周宁　　复核：黄天　　开票人：刘娜　　销货单位（盖章）：

第三联　发票联　购货方记账凭证

图 9-43　增值税发票

电汇凭证（回单）1

2018年12月25日

汇款人	全　称	内蒙古利蒙有限公司	收款人	全　称	呼和浩特供电局
	账　号	2120120056789		账　号	5224565789788
	汇出地点	呼和浩特市		汇入地点	呼和浩特市
汇出行名称		中国银行赛罕区支行	汇入行名称		中国工商银行海东路支行

金额	人民币（大写）	伍仟壹佰壹拾柒元玖角贰分	亿	千	百	十	万	千	百	十	元	角	分
							¥	5	1	1	7	9	2

中国银行 赛罕区支行 2018.12.25 转讫 (01) 汇出行签章	支付密码 附加信息及用途： 复核：　　记账

此联是汇出行给汇款人的回单

图 9-44　电汇凭证

外购电费分配表

2018 年 12 月　　　　金额单位：元

使用对象		外购电费			合计
		耗用量	单价	分配额	
生产车间	A 产品	2 000	1	2 000	2 000
	B 产品	1 800	1	1 800	1 800
车间耗用		412	1	412	412
小计		4 212	1	4 212	4 212
管理部门	200	200	1	200	200
合　计		5 300	1	5 300	7 300

图 9-45　外购电费分配表

（26）28 日，分配本月发生的水费 368 元。其中车间耗用 108 元，行政部门耗用 260 元，增值税税额 36.8 元，合计 404.8 元，用银行存款支付。增值税发票见图 9-46，电汇凭证见图 9-47，外购水费分配表见图 9-48。

增值税专用发票
发票联

2340401161　　　　No.06214541

开票日期：2018年12月28日

购货单位	名　称：内蒙古利蒙有限公司 纳税人识别号：91150102MA0MY78R9M 地址、电话：呼和浩特赛罕区汇商广场　0471-3803666 开户行及账号：中国银行赛罕区支行　2120120056789				密码区	（略）	
货物及应税劳务名称	规格型号	单位	数量	单价	金额	税率	税额
*自来水*自来水		吨	368	1.00	368.00	10%	36.80
合　计					¥368.00	10%	¥36.80
价税合计（大写）	肆佰零肆元捌角整						（小写）¥404.80
销货单位	名　称：呼和浩特自来水公司 纳税人识别号：91150100114151466N 地址、电话：内蒙古自治区呼和浩特市赛罕区清源路甲2号 0471-6924587 开户行及账号：中国工商银行北垣街支行　3124565789788				备注		

收款人：李小平　　复核：赵子楠　　开票人：周晓敏　　销货单位（盖章）：

第三联　发票联　购货方记账凭证

图 9-46　增值税发票

电汇凭证（回单）1

2018年12月28日

<table>
<tr><td rowspan="3">汇款人</td><td>全　称</td><td>内蒙古利蒙有限公司</td><td rowspan="3">收款人</td><td>全　称</td><td colspan="2">呼和浩特自来水公司</td></tr>
<tr><td>账　号</td><td>2120120056789</td><td>账　号</td><td colspan="2">3124565789788</td></tr>
<tr><td>汇出地点</td><td>呼和浩特市</td><td>汇入地点</td><td colspan="2">呼和浩特市</td></tr>
<tr><td colspan="2">汇出行名称</td><td>中国银行赛罕区支行</td><td colspan="2">汇入行名称</td><td colspan="2">中国工商银行北垣街支行</td></tr>
<tr><td>金额</td><td>人民币（大写）</td><td colspan="4">肆佰零肆元捌角</td><td>亿千百十万千百十元角分
¥40480</td></tr>
<tr><td colspan="3" rowspan="2">中国银行
赛罕区支行
2018.12.28
转讫
(01)
汇出行签章</td><td colspan="2">支付密码</td><td colspan="2"></td></tr>
<tr><td colspan="4">附加信息及用途：

复核：　　记账</td></tr>
</table>

此联是汇出行给汇款人的回单

图 9-47　电汇凭证

外购水费分配表

2018 年 12 月　　　　金额单位：元

使用对象	外购电费			合计
	耗用量	单价	分配额	
车间耗用	108	1	108	108
管理部门	260	1	260	260
合　计	368	1	368	368

图 9-48　外购水费分配表

(27) 30 日，分配本月职工薪酬 62 000 元，其中生产 A 产品工人薪酬 25 000 元，B 产品工人薪酬 27 000 元，车间管理人员薪酬 4 000 元，行政部门人员薪酬 6 000 元。职工薪酬分配汇总表见图 9-49。

(28) 30 日，计提本月固定资产折旧费，其中，车间固定资产计提 1 880 元，行政部门固定资产计提 1 200 元。固定资产折旧计算表见图 9-50。

(29) 31 日，计算并结转本月制造费用(　　)元，其中 A 产品应负担 60%，B 产品应负担 40%。画出 T 形账户，完成分录。制造费用分配表见图 9-51。

职工薪酬分配汇总表

2018 年 12 月　　　　金额单位：元

项目		工资合计
生产车间	A 产品工人	25 000
	B 产品工人	27 000
	车间管理人员	4 000
小计		56 000
行政管理人员		6 000
合计		62 000

图 9-49　职工薪酬分配汇总表

固定资产折旧计算表

2018 年 12 月 30 日　　　　金额单位：元

使用单位和固定资产类别		月初原值	月折旧率/%	本月应提折旧额
生产车间	厂房	……	……	……
	生产设备	……	……	……
	小计	……	——	1 880
管理部门	房屋	……	……	……
	运输设备	……	……	……
	管理设备	……	……	……
	小计	……	……	1 200
合计		……	——	3 080

图 9-50　折旧费用分配表

制造费用分配表

2018 年 12 月 31 日　　　　单位：元

分配对象	分配比例	分配金额
A 产品		
B 产品		
合计		

图 9-51　制造费用分配表

(30) 31 日，本月投产的 A 产品 800 件，B 产品 250 件，全部完工，并验收入库。计算并结转完工产品的成本。入库单见图 9-52。

(31) 企业支付违约金罚款 5 300 元，银行支付。转账支票存根见图 9-53。

(32) 31 日，计算出本月应缴纳的城市维护建设税 744 元，地方教育费附加 319 元。

(33) 31 日，结转本月有关损益类账户，转入“本年利润”账户。

产成品入库单

编号：001

交库单位：生产车间　　　　　年　　月　　日　　　　　收料仓库：3 号仓库

编号	名称	规格	单位	交付数量	检测情况		实收数量
					合格	不合格	

第三联　记账联

交库人：刘明　　　　　　　　保管员：吴海

图 9-52　入库单

中国银行
支票存根
10400030
37080801

附加信息

出票日期2018年12月31日

收款人：东方公司
金　额：¥5 300.00
用　途：违约金罚款

单位主管：赵梅　　会计：马芳

图 9-53　转账支票存根

(34) 31 日，计算出全年的利润总额(期初 1—11 月有贷方余额 80 000 元)，然后按 25% 计算出企业应交的所得税费用，并完成会计分录。

(35) 将所得税费用转入“本年利润”账户。

(36) 31 日，将“本年利润”结转至“利润分配——未分配利润”。

(37) 31 日，按全年净利润的 10% 提取法定盈余公积。

(38) 31 日，按全年净利润的 20% 向投资者分配利润。

(39) 31 日，结转利润分配各明细账。

(四) 实训资源

配记账凭证 50 张、科目汇总表 2 张、银行存款日记账 1 张、总分类账账页 25 张、利润表 1 张、原材料数量金额式明细分类账 3 张、生产成本多栏式明细分类账 2 张。

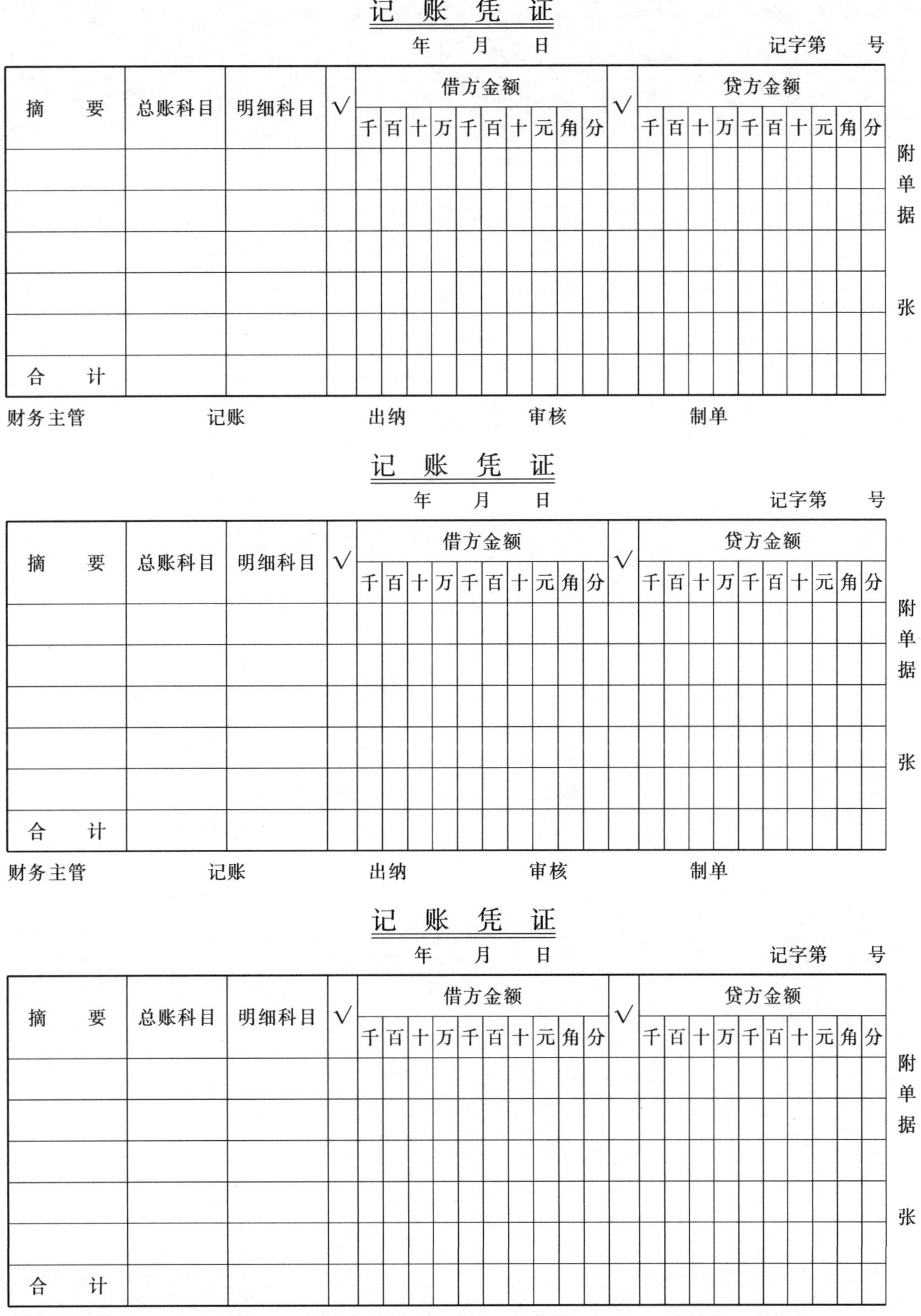

记 账 凭 证

年 月 日　　　　记字第 号

摘要	总账科目	明细科目	√	借方金额										√	贷方金额								
				千	百	十	万	千	百	十	元	角	分		千	百	十	万	千	百	十	元	角	分
合计																								

附单据 张

财务主管 记账 出纳 审核 制单

记 账 凭 证

年 月 日　　　　记字第 号

摘要	总账科目	明细科目	√	借方金额										√	贷方金额								
				千	百	十	万	千	百	十	元	角	分		千	百	十	万	千	百	十	元	角	分
合计																								

附单据 张

财务主管 记账 出纳 审核 制单

记 账 凭 证

年 月 日　　　　记字第 号

摘要	总账科目	明细科目	√	借方金额										√	贷方金额								
				千	百	十	万	千	百	十	元	角	分		千	百	十	万	千	百	十	元	角	分
合计																								

附单据 张

财务主管 记账 出纳 审核 制单

记 账 凭 证

年 月 日 记字第 号

摘 要	总账科目	明细科目	√	借方金额										√	贷方金额									
				千	百	十	万	千	百	十	元	角	分		千	百	十	万	千	百	十	元	角	分
合 计																								

附单据 张

财务主管 记账 出纳 审核 制单

记 账 凭 证

年 月 日 记字第 号

摘 要	总账科目	明细科目	√	借方金额										√	贷方金额									
				千	百	十	万	千	百	十	元	角	分		千	百	十	万	千	百	十	元	角	分
合 计																								

附单据 张

财务主管 记账 出纳 审核 制单

记 账 凭 证

年 月 日 记字第 号

摘 要	总账科目	明细科目	√	借方金额										√	贷方金额									
				千	百	十	万	千	百	十	元	角	分		千	百	十	万	千	百	十	元	角	分
合 计																								

附单据 张

财务主管 记账 出纳 审核 制单

记 账 凭 证

年 月 日 记字第 号

摘　　要	总账科目	明细科目	√	借方金额										√	贷方金额									
				千	百	十	万	千	百	十	元	角	分		千	百	十	万	千	百	十	元	角	分
合　　计																								

附单据 张

财务主管 记账 出纳 审核 制单

记 账 凭 证

年 月 日 记字第 号

摘　　要	总账科目	明细科目	√	借方金额										√	贷方金额									
				千	百	十	万	千	百	十	元	角	分		千	百	十	万	千	百	十	元	角	分
合　　计																								

附单据 张

财务主管 记账 出纳 审核 制单

记 账 凭 证

年 月 日 记字第 号

摘　　要	总账科目	明细科目	√	借方金额										√	贷方金额									
				千	百	十	万	千	百	十	元	角	分		千	百	十	万	千	百	十	元	角	分
合　　计																								

附单据 张

财务主管 记账 出纳 审核 制单

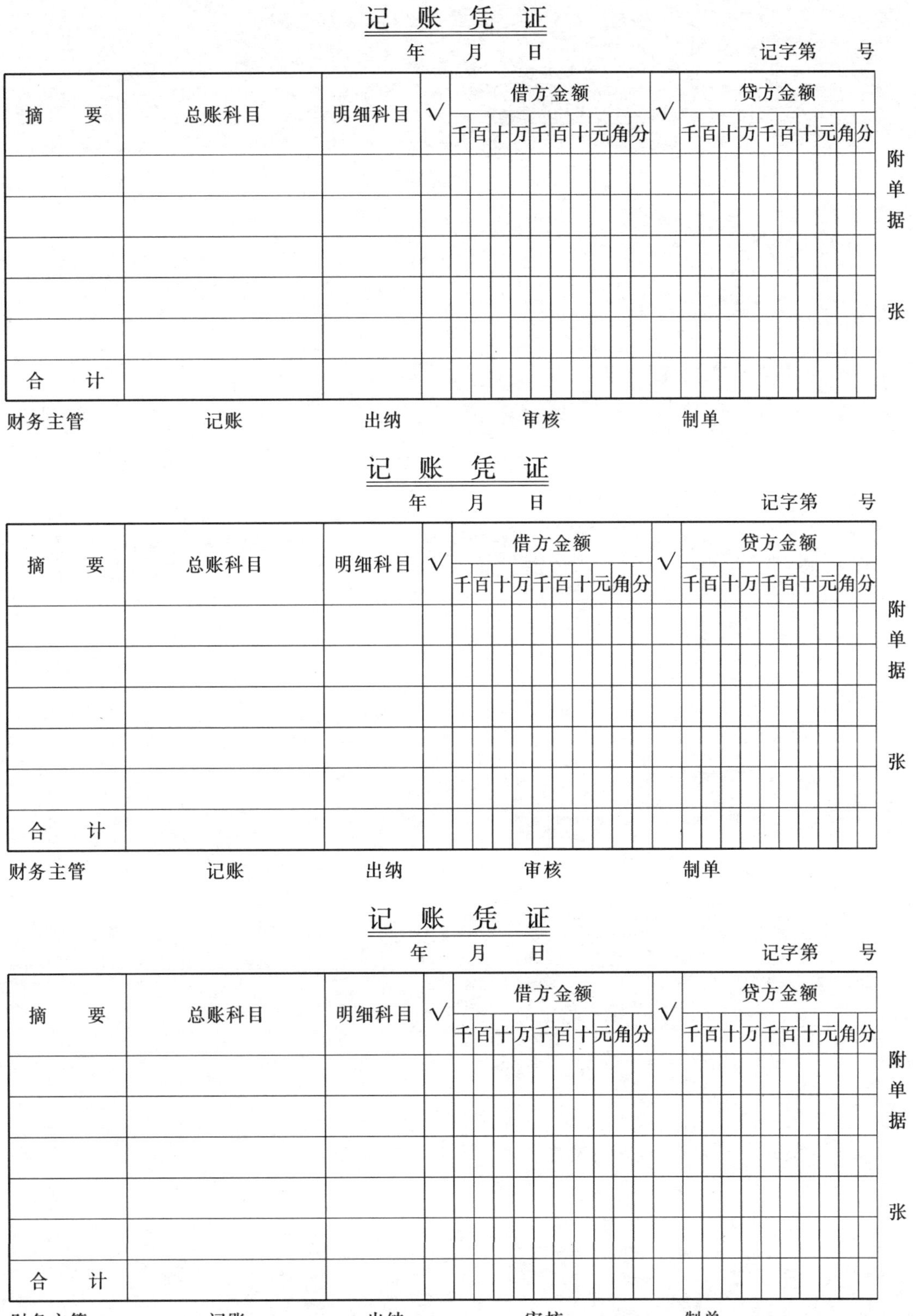

记 账 凭 证

年 月 日　　　　记字第 号

摘要	总账科目	明细科目	√	借方金额										√	贷方金额								
				千	百	十	万	千	百	十	元	角	分		千	百	十	万	千	百	十	元	角	分
合计																							

附单据 张

财务主管　　记账　　出纳　　审核　　制单

记 账 凭 证

年 月 日　　　　记字第 号

摘要	总账科目	明细科目	√	借方金额										√	贷方金额								
				千	百	十	万	千	百	十	元	角	分		千	百	十	万	千	百	十	元	角	分
合计																							

附单据 张

财务主管　　记账　　出纳　　审核　　制单

记 账 凭 证

年 月 日　　　　记字第 号

摘要	总账科目	明细科目	√	借方金额										√	贷方金额								
				千	百	十	万	千	百	十	元	角	分		千	百	十	万	千	百	十	元	角	分
合计																							

附单据 张

财务主管　　记账　　出纳　　审核　　制单

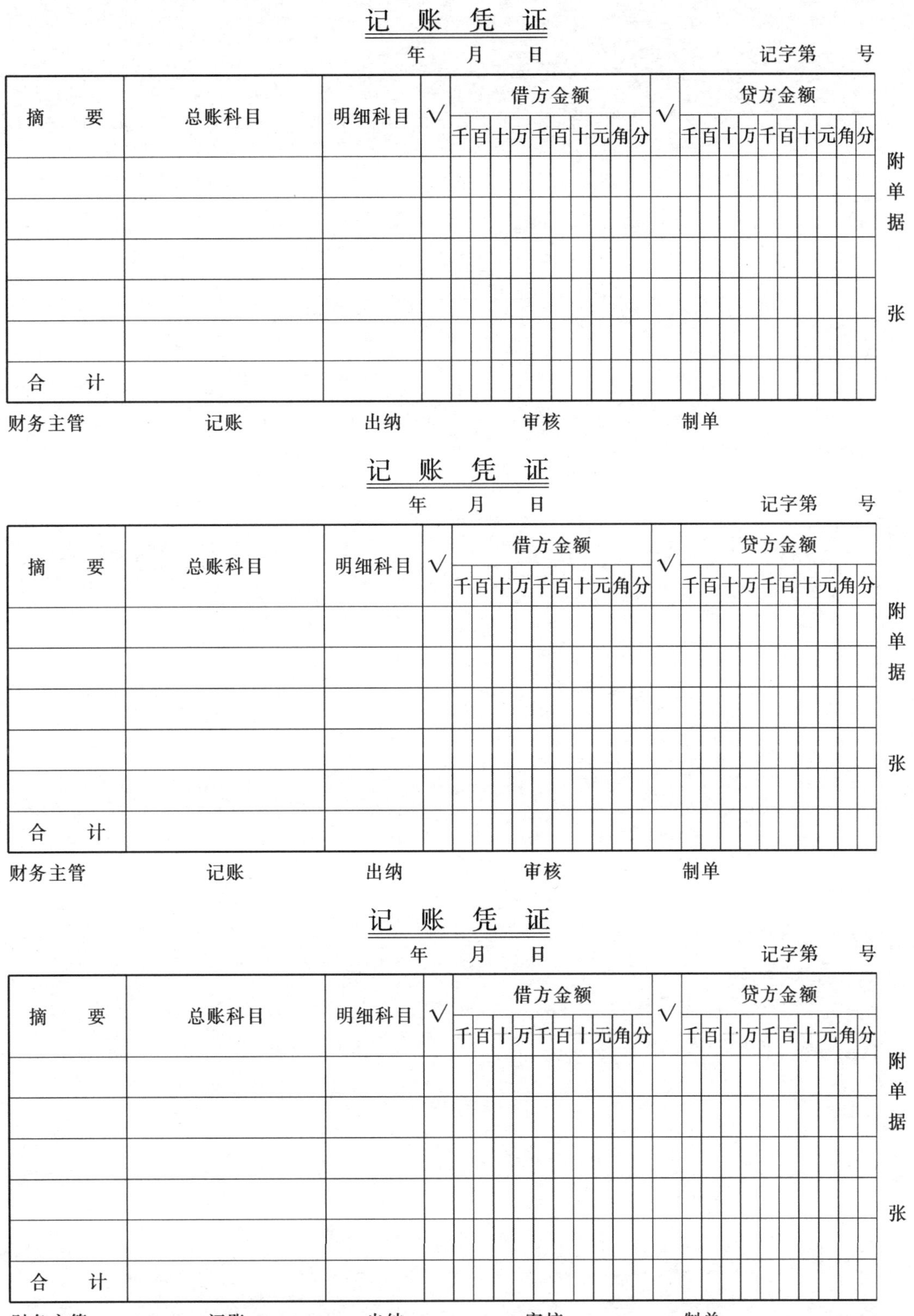

记 账 凭 证

年 月 日 记字第 号

摘要	总账科目	明细科目	√	借方金额										√	贷方金额								
				千	百	十	万	千	百	十	元	角	分		千	百	十	万	千	百	十	元	角	分
合计																								

附单据 张

财务主管 记账 出纳 审核 制单

记 账 凭 证

年 月 日 记字第 号

摘要	总账科目	明细科目	√	借方金额										√	贷方金额								
				千	百	十	万	千	百	十	元	角	分		千	百	十	万	千	百	十	元	角	分
合计																								

附单据 张

财务主管 记账 出纳 审核 制单

记 账 凭 证

年 月 日 记字第 号

摘要	总账科目	明细科目	√	借方金额										√	贷方金额								
				千	百	十	万	千	百	十	元	角	分		千	百	十	万	千	百	十	元	角	分
合计																								

附单据 张

财务主管 记账 出纳 审核 制单

记 账 凭 证

年 月 日 记字第 号

摘 要	总账科目	明细科目	√	借方金额										√	贷方金额								
				千	百	十	万	千	百	十	元	角	分		千	百	十	万	千	百	十	元	角	分
合 计																							

附单据 张

财务主管 记账 出纳 审核 制单

记 账 凭 证

年 月 日 记字第 号

摘 要	总账科目	明细科目	√	借方金额										√	贷方金额								
				千	百	十	万	千	百	十	元	角	分		千	百	十	万	千	百	十	元	角	分
合 计																							

附单据 张

财务主管 记账 出纳 审核 制单

记 账 凭 证

年 月 日 记字第 号

摘 要	总账科目	明细科目	√	借方金额										√	贷方金额								
				千	百	十	万	千	百	十	元	角	分		千	百	十	万	千	百	十	元	角	分
合 计																							

附单据 张

财务主管 记账 出纳 审核 制单

记 账 凭 证

年　月　日　　　　记字第　号

摘　要	总账科目	明细科目	√	借方金额										√	贷方金额								
				千	百	十	万	千	百	十	元	角	分		千	百	十	万	千	百	十	元	角	分
合　计																							

附单据　张

财务主管　　记账　　出纳　　审核　　制单

记 账 凭 证

年　月　日　　　　记字第　号

摘　要	总账科目	明细科目	√	借方金额										√	贷方金额								
				千	百	十	万	千	百	十	元	角	分		千	百	十	万	千	百	十	元	角	分
合　计																							

附单据　张

财务主管　　记账　　出纳　　审核　　制单

记 账 凭 证

年　月　日　　　　记字第　号

摘　要	总账科目	明细科目	√	借方金额										√	贷方金额								
				千	百	十	万	千	百	十	元	角	分		千	百	十	万	千	百	十	元	角	分
合　计																							

附单据　张

财务主管　　记账　　出纳　　审核　　制单

记 账 凭 证

年　　月　　日　　　　　　　　记字第　　号

摘　　要	总账科目	明细科目	√	借方金额										√	贷方金额								
				千	百	十	万	千	百	十	元	角	分		千	百	十	万	千	百	十	元	角	分
合　　计																								

附单据　　张

财务主管　　　　记账　　　　出纳　　　　审核　　　　制单

记 账 凭 证

年　　月　　日　　　　　　　　记字第　　号

摘　　要	总账科目	明细科目	√	借方金额										√	贷方金额								
				千	百	十	万	千	百	十	元	角	分		千	百	十	万	千	百	十	元	角	分
合　　计																								

附单据　　张

财务主管　　　　记账　　　　出纳　　　　审核　　　　制单

记 账 凭 证

年　　月　　日　　　　　　　　记字第　　号

摘　　要	总账科目	明细科目	√	借方金额										√	贷方金额								
				千	百	十	万	千	百	十	元	角	分		千	百	十	万	千	百	十	元	角	分
合　　计																								

附单据　　张

财务主管　　　　记账　　　　出纳　　　　审核　　　　制单

记 账 凭 证

年　　月　　日　　　　　　　　　　记字第　　号

摘　要	总账科目	明细科目	√	借方金额										√	贷方金额									
				千	百	十	万	千	百	十	元	角	分		千	百	十	万	千	百	十	元	角	分
合　计																								

附单据　　张

财务主管　　　记账　　　出纳　　　审核　　　制单

记 账 凭 证

年　　月　　日　　　　　　　　　　记字第　　号

摘　要	总账科目	明细科目	√	借方金额										√	贷方金额									
				千	百	十	万	千	百	十	元	角	分		千	百	十	万	千	百	十	元	角	分
合　计																								

附单据　　张

财务主管　　　记账　　　出纳　　　审核　　　制单

记 账 凭 证

年　　月　　日　　　　　　　　　　记字第　　号

摘　要	总账科目	明细科目	√	借方金额										√	贷方金额									
				千	百	十	万	千	百	十	元	角	分		千	百	十	万	千	百	十	元	角	分
合　计																								

附单据　　张

财务主管　　　记账　　　出纳　　　审核　　　制单

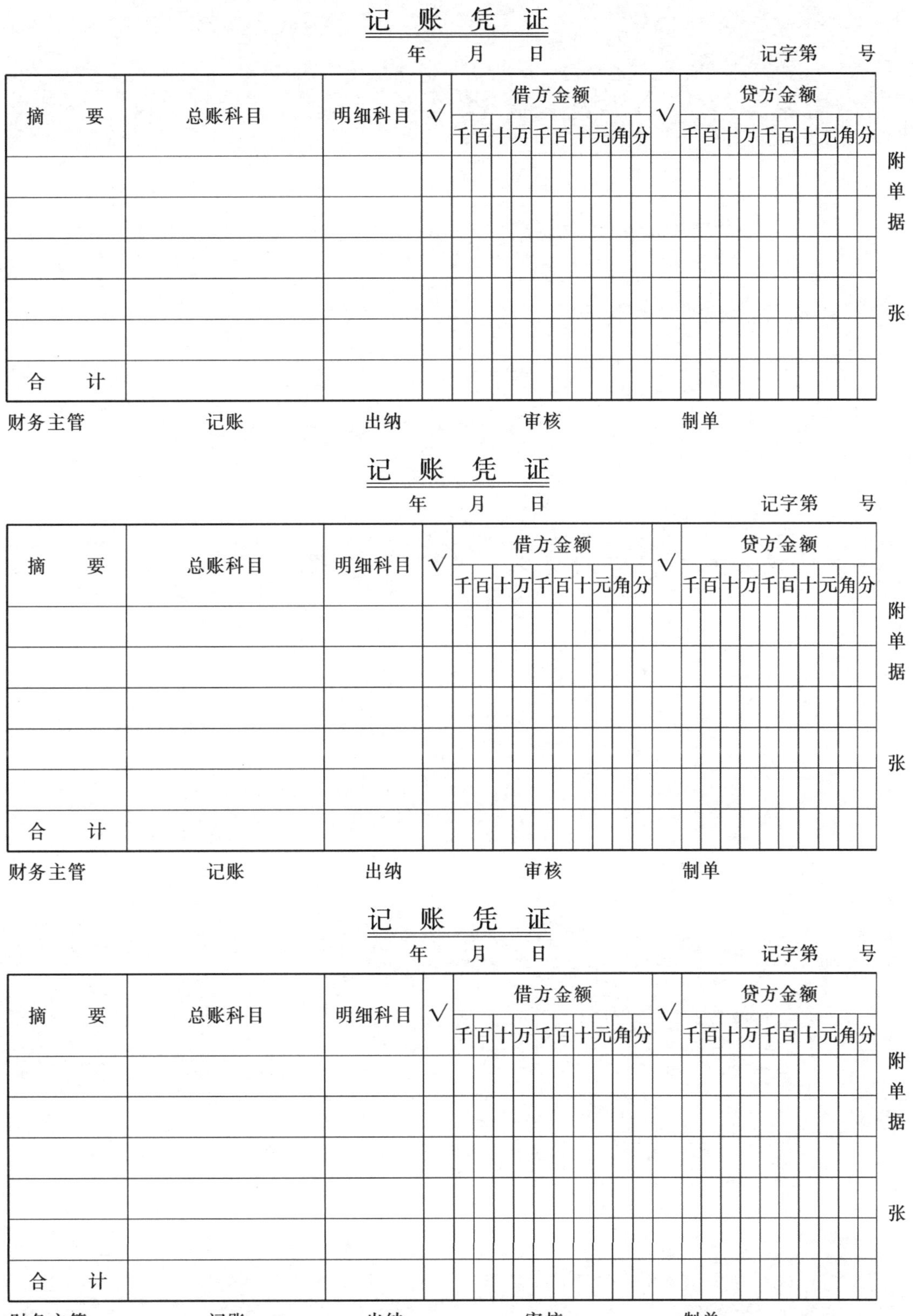

记 账 凭 证

年 月 日 记字第 号

摘 要	总账科目	明细科目	√	借方金额										√	贷方金额								
				千	百	十	万	千	百	十	元	角	分		千	百	十	万	千	百	十	元	角	分
合 计																								

附单据 张

财务主管 记账 出纳 审核 制单

记 账 凭 证

年 月 日 记字第 号

摘 要	总账科目	明细科目	√	借方金额										√	贷方金额								
				千	百	十	万	千	百	十	元	角	分		千	百	十	万	千	百	十	元	角	分
合 计																								

附单据 张

财务主管 记账 出纳 审核 制单

记 账 凭 证

年 月 日 记字第 号

摘 要	总账科目	明细科目	√	借方金额										√	贷方金额								
				千	百	十	万	千	百	十	元	角	分		千	百	十	万	千	百	十	元	角	分
合 计																								

附单据 张

财务主管 记账 出纳 审核 制单

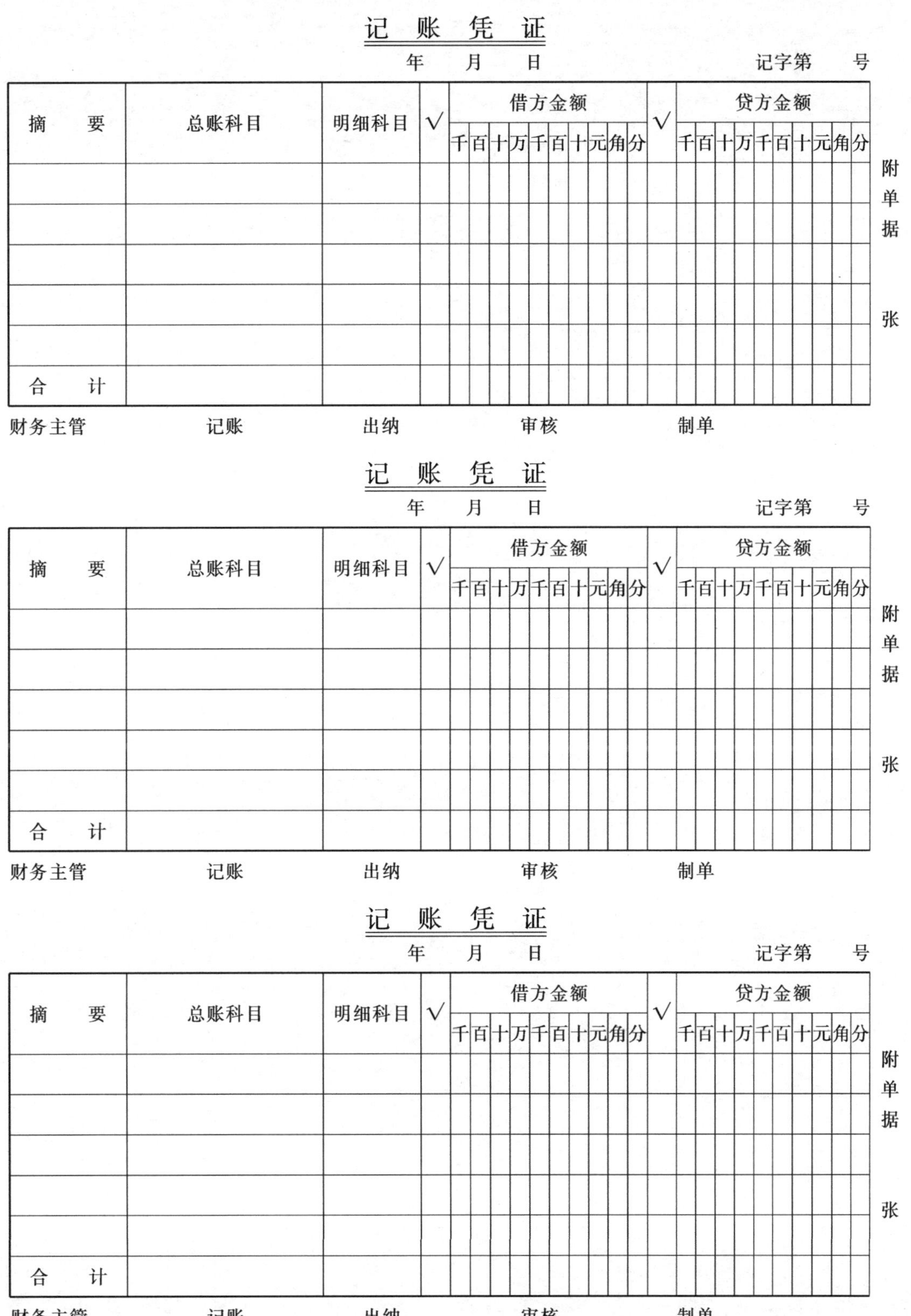

记 账 凭 证

年 月 日 记字第 号

摘要	总账科目	明细科目	√	借方金额										√	贷方金额									
				千	百	十	万	千	百	十	元	角	分		千	百	十	万	千	百	十	元	角	分
合计																								

附单据 张

财务主管 记账 出纳 审核 制单

记 账 凭 证

年 月 日 记字第 号

摘要	总账科目	明细科目	√	借方金额										√	贷方金额									
				千	百	十	万	千	百	十	元	角	分		千	百	十	万	千	百	十	元	角	分
合计																								

附单据 张

财务主管 记账 出纳 审核 制单

记 账 凭 证

年 月 日 记字第 号

摘要	总账科目	明细科目	√	借方金额										√	贷方金额									
				千	百	十	万	千	百	十	元	角	分		千	百	十	万	千	百	十	元	角	分
合计																								

附单据 张

财务主管 记账 出纳 审核 制单

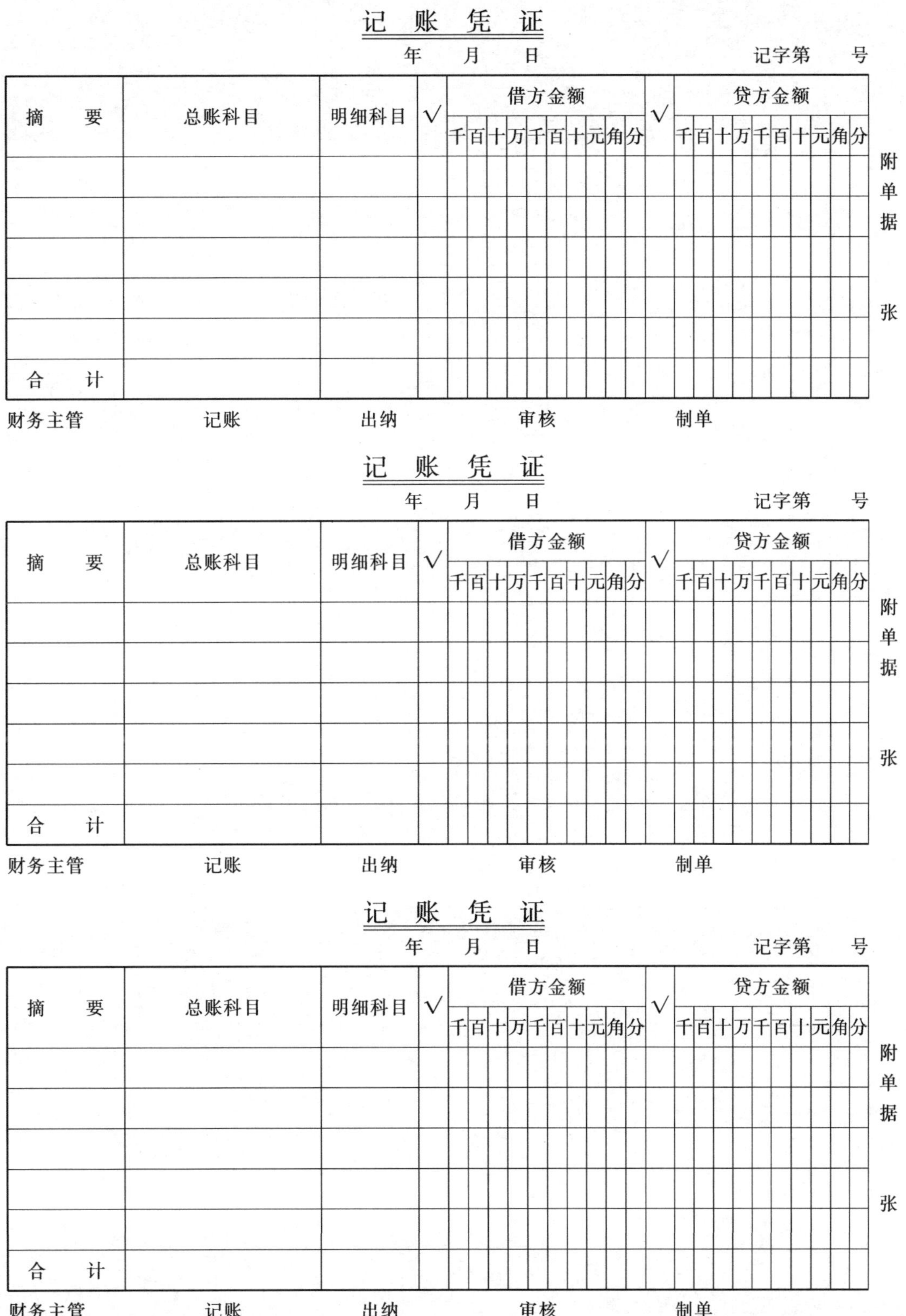

记账凭证

年　　月　　日　　　　　　　　　　　　记字第　　号

摘　要	总账科目	明细科目	√	借方金额										√	贷方金额								
				千	百	十	万	千	百	十	元	角	分		千	百	十	万	千	百	十	元	角	分
合　计																								

附单据　　张

财务主管　　记账　　出纳　　审核　　制单

记账凭证

年　　月　　日　　　　　　　　　　　　记字第　　号

摘　要	总账科目	明细科目	√	借方金额										√	贷方金额								
				千	百	十	万	千	百	十	元	角	分		千	百	十	万	千	百	十	元	角	分
合　计																								

附单据　　张

财务主管　　记账　　出纳　　审核　　制单

记账凭证

年　　月　　日　　　　　　　　　　　　记字第　　号

摘　要	总账科目	明细科目	√	借方金额										√	贷方金额								
				千	百	十	万	千	百	十	元	角	分		千	百	十	万	千	百	十	元	角	分
合　计																								

附单据　　张

财务主管　　记账　　出纳　　审核　　制单

记 账 凭 证

年 月 日 记字第 号

摘要	总账科目	明细科目	√	借方金额										√	贷方金额								
				千	百	十	万	千	百	十	元	角	分		千	百	十	万	千	百	十	元	角	分
合计																							

附单据 张

财务主管 记账 出纳 审核 制单

记 账 凭 证

年 月 日 记字第 号

摘要	总账科目	明细科目	√	借方金额										√	贷方金额								
				千	百	十	万	千	百	十	元	角	分		千	百	十	万	千	百	十	元	角	分
合计																							

附单据 张

财务主管 记账 出纳 审核 制单

记 账 凭 证

年 月 日 记字第 号

摘要	总账科目	明细科目	√	借方金额										√	贷方金额								
				千	百	十	万	千	百	十	元	角	分		千	百	十	万	千	百	十	元	角	分
合计																							

附单据 张

财务主管 记账 出纳 审核 制单

记 账 凭 证

年 月 日 记字第 号

摘 要	总账科目	明细科目	√	借方金额										√	贷方金额									
				千	百	十	万	千	百	十	元	角	分		千	百	十	万	千	百	十	元	角	分
合 计																								

附单据 张

财务主管 记账 出纳 审核 制单

记 账 凭 证

年 月 日 记字第 号

摘 要	总账科目	明细科目	√	借方金额										√	贷方金额									
				千	百	十	万	千	百	十	元	角	分		千	百	十	万	千	百	十	元	角	分
合 计																								

附单据 张

财务主管 记账 出纳 审核 制单

记 账 凭 证

年 月 日 记字第 号

摘 要	总账科目	明细科目	√	借方金额										√	贷方金额									
				千	百	十	万	千	百	十	元	角	分		千	百	十	万	千	百	十	元	角	分
合 计																								

附单据 张

财务主管 记账 出纳 审核 制单

记 账 凭 证

年 月 日 记字第 号

摘 要	总账科目	明细科目	√	借方金额										√	贷方金额									
				千	百	十	万	千	百	十	元	角	分		千	百	十	万	千	百	十	元	角	分
合 计																								

附单据 张

财务主管 记账 出纳 审核 制单

记 账 凭 证

年 月 日 记字第 号

摘 要	总账科目	明细科目	√	借方金额										√	贷方金额									
				千	百	十	万	千	百	十	元	角	分		千	百	十	万	千	百	十	元	角	分
合 计																								

附单据 张

财务主管 记账 出纳 审核 制单

记 账 凭 证

年 月 日 记字第 号

摘 要	总账科目	明细科目	√	借方金额										√	贷方金额									
				千	百	十	万	千	百	十	元	角	分		千	百	十	万	千	百	十	元	角	分
合 计																								

附单据 张

财务主管 记账 出纳 审核 制单

记 账 凭 证

年 月 日 记字第 号

摘要	总账科目	明细科目	√	借方金额										√	贷方金额								
				千	百	十	万	千	百	十	元	角	分		千	百	十	万	千	百	十	元	角	分
合计																							

附单据 张

财务主管 记账 出纳 审核 制单

记 账 凭 证

年 月 日 记字第 号

摘要	总账科目	明细科目	√	借方金额										√	贷方金额								
				千	百	十	万	千	百	十	元	角	分		千	百	十	万	千	百	十	元	角	分
合计																							

附单据 张

财务主管 记账 出纳 审核 制单

记 账 凭 证

年 月 日 记字第 号

摘要	总账科目	明细科目	√	借方金额										√	贷方金额								
				千	百	十	万	千	百	十	元	角	分		千	百	十	万	千	百	十	元	角	分
合计																							

附单据 张

财务主管 记账 出纳 审核 制单

记 账 凭 证

年 月 日 记字第 号

摘 要	总账科目	明细科目	√	借方金额										√	贷方金额								
				千	百	十	万	千	百	十	元	角	分		千	百	十	万	千	百	十	元	角	分
合 计																							

附单据 张

财务主管 记账 出纳 审核 制单

记 账 凭 证

年 月 日 记字第 号

摘 要	总账科目	明细科目	√	借方金额										√	贷方金额								
				千	百	十	万	千	百	十	元	角	分		千	百	十	万	千	百	十	元	角	分
合 计																							

附单据 张

财务主管 记账 出纳 审核 制单

科目汇总表

汇字第　　号

年　　月　　日至　　日　　记账凭证：第　　号至第　　号

借方发生额	会计科目	贷方发生额

科目汇总表

汇字第　　号

年　　月　　日至　　日　　记账凭证：第　　号至第　　号

借方发生额	会计科目	贷方发生额

银行存款日记账

年		凭证编号	结算方式		摘要	借方										√	贷方										√	余额									
月	日		类	号码		千	百	十	万	千	百	十	元	角	分		千	百	十	万	千	百	十	元	角	分		千	百	十	万	千	百	十	元	角	分

总分类账

会计科目____________

年		凭证号数	摘要	对方科目	借方										贷方										借或贷	余额									
月	日				千	百	十	万	千	百	十	元	角	分	千	百	十	万	千	百	十	元	角	分		千	百	十	万	千	百	十	元	角	分

总分类账

会计科目____________

年		凭证号数	摘要	对方科目	借方										贷方										借或贷	余额									
月	日				千	百	十	万	千	百	十	元	角	分	千	百	十	万	千	百	十	元	角	分		千	百	十	万	千	百	十	元	角	分

总 分 类 账

会计科目______________

年		凭证号数	摘要	对方科目	借方										贷方										借或贷	余额									
月	日				千	百	十	万	千	百	十	元	角	分	千	百	十	万	千	百	十	元	角	分		千	百	十	万	千	百	十	元	角	分

总 分 类 账

会计科目______________

年		凭证号数	摘要	对方科目	借方										贷方										借或贷	余额									
月	日				千	百	十	万	千	百	十	元	角	分	千	百	十	万	千	百	十	元	角	分		千	百	十	万	千	百	十	元	角	分

总 分 类 账

会计科目________

年		凭证号数	摘要	对方科目	借方										贷方										借或贷	余额									
月	日				千	百	十	万	千	百	十	元	角	分	千	百	十	万	千	百	十	元	角	分		千	百	十	万	千	百	十	元	角	分

总 分 类 账

会计科目________

年		凭证号数	摘要	对方科目	借方										贷方										借或贷	余额									
月	日				千	百	十	万	千	百	十	元	角	分	千	百	十	万	千	百	十	元	角	分		千	百	十	万	千	百	十	元	角	分

总 分 类 账

会计科目________

年		凭证号数	摘要	对方科目	借方										贷方										借或贷	余额									
月	日				千	百	十	万	千	百	十	元	角	分	千	百	十	万	千	百	十	元	角	分		千	百	十	万	千	百	十	元	角	分

总 分 类 账

会计科目________

年		凭证号数	摘要	对方科目	借方										贷方										借或贷	余额									
月	日				千	百	十	万	千	百	十	元	角	分	千	百	十	万	千	百	十	元	角	分		千	百	十	万	千	百	十	元	角	分

总 分 类 账

会计科目________

年		凭证号数	摘要	对方科目	借方										贷方										借或贷	余额									
月	日				千	百	十	万	千	百	十	元	角	分	千	百	十	万	千	百	十	元	角	分		千	百	十	万	千	百	十	元	角	分

总 分 类 账

会计科目________

年		凭证号数	摘要	对方科目	借方										贷方										借或贷	余额									
月	日				千	百	十	万	千	百	十	元	角	分	千	百	十	万	千	百	十	元	角	分		千	百	十	万	千	百	十	元	角	分

总 分 类 账

会计科目______________

年		凭证号数	摘要	对方科目	借方										贷方										借或贷	余额									
月	日				千	百	十	万	千	百	十	元	角	分	千	百	十	万	千	百	十	元	角	分		千	百	十	万	千	百	十	元	角	分

总 分 类 账

会计科目______________

年		凭证号数	摘要	对方科目	借方										贷方										借或贷	余额									
月	日				千	百	十	万	千	百	十	元	角	分	千	百	十	万	千	百	十	元	角	分		千	百	十	万	千	百	十	元	角	分

总 分 类 账

会计科目____________

年		凭证号数	摘要	对方科目	借方										贷方										借或贷	余额									
月	日				千	百	十	万	千	百	十	元	角	分	千	百	十	万	千	百	十	元	角	分		千	百	十	万	千	百	十	元	角	分

总 分 类 账

会计科目____________

年		凭证号数	摘要	对方科目	借方										贷方										借或贷	余额									
月	日				千	百	十	万	千	百	十	元	角	分	千	百	十	万	千	百	十	元	角	分		千	百	十	万	千	百	十	元	角	分

总 分 类 账

会计科目______

年		凭证号数	摘要	对方科目	借方										贷方										借或贷	余额									
月	日				千	百	十	万	千	百	十	元	角	分	千	百	十	万	千	百	十	元	角	分		千	百	十	万	千	百	十	元	角	分

总 分 类 账

会计科目______

年		凭证号数	摘要	对方科目	借方										贷方										借或贷	余额									
月	日				千	百	十	万	千	百	十	元	角	分	千	百	十	万	千	百	十	元	角	分		千	百	十	万	千	百	十	元	角	分

总 分 类 账

会计科目______

年		凭证号数	摘要	对方科目	借方										贷方										借或贷	余额									
月	日				千	百	十	万	千	百	十	元	角	分	千	百	十	万	千	百	十	元	角	分		千	百	十	万	千	百	十	元	角	分

总 分 类 账

会计科目______

年		凭证号数	摘要	对方科目	借方										贷方										借或贷	余额									
月	日				千	百	十	万	千	百	十	元	角	分	千	百	十	万	千	百	十	元	角	分		千	百	十	万	千	百	十	元	角	分

总 分 类 账

会计科目＿＿＿＿＿＿

年		凭证号数	摘要	对方科目	借方										贷方										借或贷	余额									
月	日				千	百	十	万	千	百	十	元	角	分	千	百	十	万	千	百	十	元	角	分		千	百	十	万	千	百	十	元	角	分

总 分 类 账

会计科目＿＿＿＿＿＿

年		凭证号数	摘要	对方科目	借方										贷方										借或贷	余额									
月	日				千	百	十	万	千	百	十	元	角	分	千	百	十	万	千	百	十	元	角	分		千	百	十	万	千	百	十	元	角	分

总 分 类 账

会计科目____________

年		凭证号数	摘要	对方科目	借方										贷方										借或贷	余额									
月	日				千	百	十	万	千	百	十	元	角	分	千	百	十	万	千	百	十	元	角	分		千	百	十	万	千	百	十	元	角	分

总 分 类 账

会计科目____________

年		凭证号数	摘要	对方科目	借方										贷方										借或贷	余额									
月	日				千	百	十	万	千	百	十	元	角	分	千	百	十	万	千	百	十	元	角	分		千	百	十	万	千	百	十	元	角	分

总 分 类 账

会计科目

年		凭证号数	摘要	对方科目	借方											贷方											借或贷	余额										
月	日				亿	千	百	十	万	千	百	十	元	角	分	亿	千	百	十	万	千	百	十	元	角	分		亿	千	百	十	万	千	百	十	元	角	分

总 分 类 账

会计科目

年		凭证号数	摘要	对方科目	借方											贷方											借或贷	余额										
月	日				亿	千	百	十	万	千	百	十	元	角	分	亿	千	百	十	万	千	百	十	元	角	分		亿	千	百	十	万	千	百	十	元	角	分

总 分 类 账

会计科目____________

年		凭证号数	摘要	对方科目	借方										贷方										借或贷	余额									
月	日				千	百	十	万	千	百	十	元	角	分	千	百	十	万	千	百	十	元	角	分		千	百	十	万	千	百	十	元	角	分

总 分 类 账

会计科目____________

年		凭证号数	摘要	对方科目	借方										贷方										借或贷	余额									
月	日				千	百	十	万	千	百	十	元	角	分	千	百	十	万	千	百	十	元	角	分		千	百	十	万	千	百	十	元	角	分

总 分 类 账

会计科目__________

年		凭证号数	摘要	对方科目	借方										贷方										借或贷	余额									
月	日				千	百	十	万	千	百	十	元	角	分	千	百	十	万	千	百	十	元	角	分		千	百	十	万	千	百	十	元	角	分

利　润　表

编制单位：内蒙古华兴有限责任公司　　　　2018 年度　　　　单位：元

项　目	本期金额	上期金额
一、营业收入		
减：营业成本		
税金及附加		
销售费用		
管理费用		
财务费用		
资产减值损失		
加：公允价值变动收益(损失以“-”号填列)		
投资收益(损失以“-”号填列)		
其中：对联营企业和合营企业的投资收益		
资产处置收益(损失以“-”填列)		
其他收益		
二、营业利润(亏损以“-”号填列)		
加：营业外收入		
减：营业外支出		
三、利润总额(亏损总额以“-”号填列)		
减：所得税费用		
四、净利润(净亏损以“-”号填列)		
五、其他综合收益的税后净额		
(一)以后不能重分类进损益的其他综合收益		
1. 重新计量设定受益计划净负债或净资产的变动		
2. 权益法下在被投资单位不能重分类进损益的其他综合收益中享有的份额		
……		
(二)以后将重分类进损益的其他综合收益		
1. 权益法下被投资单位以后将重分类进损益的其他综合收益中享有的份额		
2. 可供出售金融资产公允价值变动损益		

续表

项　　目	本期金额	上期金额
3. 持有至到期投资重分类为可供出售金融资产损益		
4. 现金流量套期损益的有效部分		
5. 外币财务报表折算差额		
……		
六、综合收益总额		
七、每股收益		
(一)基本每股收益		
(二)稀释每股收益		

本账页数	
本户页数	

最高储存量____________

最低储存量____________

明细分类账

编号____________ 规格____________ 单位(　　) 名称____________

年		凭证号数	摘要	账页	借方											贷方											借或贷	结存											稽核
					数量	单价	金额									数量	单价	金额										数量	单价	金额									
月	日						百	十	万	千	百	十	元	角	分			百	十	万	千	百	十	元	角	分				百	十	万	千	百	十	元	角	分	

本账页数	
本户页数	

明细分类账

最高储存量______

最低储存量______

编号______ 规格______

单位（ ） 名称______

年		凭证号数	摘要	账页	借方											贷方											借或贷	结存											稽核
					数量	单价	金额									数量	单价	金额										数量	单价	金额									
月	日						百	十	万	千	百	十	元	角	分			百	十	万	千	百	十	元	角	分				百	十	万	千	百	十	元	角	分	

本账页数	
本户页数	

最高储存量________

最低储存量________

明细分类账

编号________ 规格________　　　　单位（　　） 名称________

年		凭证号数	摘要	账页	借方											贷方											借或贷	结存											稽核
月	日				数量	单价	金额									数量	单价	金额										数量	单价	金额									
							百	十	万	千	百	十	元	角	分			百	十	万	千	百	十	元	角	分				百	十	万	千	百	十	元	角	分	

本账页数	
本户页数	

明细分类账

科目名称________

年		凭证号	摘要	借方									贷方									借或贷	余额									借（ ）方金额分析																																			
月	日			百	十	万	千	百	十	元	角	分	百	十	万	千	百	十	元	角	分		百	十	万	千	百	十	元	角	分	百	十	万	千	百	十	元	角	分	百	十	万	千	百	十	元	角	分	百	十	万	千	百	十	元	角	分	百	十	万	千	百	十	元	角	分

本账页数	
本户页数	

明细分类账

科目名称______

年		凭证号	摘要	借方									贷方									借或贷	余额									借（ ）方金额分析																																			
月	日			百	十	万	千	百	十	元	角	分	百	十	万	千	百	十	元	角	分		百	十	万	千	百	十	元	角	分	百	十	万	千	百	十	元	角	分	百	十	万	千	百	十	元	角	分	百	十	万	千	百	十	元	角	分	百	十	万	千	百	十	元	角	分

参考文献

[1] 陈国辉，陈文铭，付丹. 基础会计实训教程[M]. 大连：东北财经大学出版社，2013.

[2] 王桂梅. 基础会计实训教程[M]. 北京：中国林业出版社，2007.

[3] 周东黎，戚素文. 基础会计实训[M]. 北京：科学出版社，2012.

[4] 赵丽生. 会计基础[M]. 北京：高等教育出版社，2017.

[5] 财政部. 企业会计准则：基本准则. 2006.

[6] 财政部. 会计基础工作规范. 1996.